大裂变

——社交电商与新零售

肖玉萍 向子科 __ 著

≡ 中国华侨出版社
·北京·

图书在版编目（CIP）数据

大裂变：社交电商与新零售 / 肖玉萍，向子科著 . — 北京：中国华侨出版社，2021.5（2024.3 重印）

ISBN 978-7-5113-8392-1

Ⅰ．①大… Ⅱ．①肖… ②向… Ⅲ．①电子商务—网络营销②零售业—网络营销 Ⅳ．① F713.365.2 ② F713.32

中国版本图书馆 CIP 数据核字（2020）第 217693 号

大裂变：社交电商与新零售

著　　者：肖玉萍　向子科
责任编辑：刘晓燕
封面设计：冬　凡
美术编辑：李丝雨
经　　销：新华书店
开　　本：880mm×1230mm　1/32 开　印张：6.75　字数：100 千字
印　　刷：三河市华成印务有限公司
版　　次：2021 年 5 月第 1 版
印　　次：2024 年 3 月第 3 次印刷
书　　号：ISBN 978-7-5113-8392-1
定　　价：38.00 元

中国华侨出版社　北京市朝阳区西坝河东里 77 号楼底商 5 号　邮编：100028
发 行 部：（010）88893001　传　真：（010）62707370
网　　址：www.oveaschin.com　E-mail：oveaschin@sina.com

如果发现印装质量问题，影响阅读，请与印刷厂联系调换。

前　言

　　我们谈及个人 IP 总是第一时间想到网红、自媒体、主播，其实，社交媒体的电商化是最直接的变现途径。社交电商才是最直接的个人 IP 变现形式。

　　社交电商，无论你有多讨厌这个概念，社交与成交的关系是亘古不变的。正所谓"先做朋友，再做生意"。

　　正如一首名为《我的公众号》的歌里所唱的——

　　亲爱的你们稍安勿躁，我的公众号

　　不是毒舌频道，也不是文艺的鸡汤讨拥抱

　　更不是神马生活品位的一条两条三条

　　不切磋百家学营销，也不懂禅茶一味的微妙

　　我只懂得老实巴交的数钞票，专为五斗米折腰什么是社交电商？直白地讲，就是亦商亦友的一种形式。

智能手机的普及，使得用户数量的增长不再是阶梯式的，而是利用社交平台从 0 到 1 万人、从 1 万人直接到 1000 万人的裂变式爆发增长。

社交电商是强大而且廉价的。当然，前提是你花了足够的时间建立你的社交媒体形象。即使你付钱请别人来为你做这件事，成本依然会低于传统的广告。在社交媒体上做广告，确实需要一些费用，不过风险也是有限的。

本书探讨了社交电商，从思维、技能、成长到社交电商化裂变、电商社交化重塑，还有运营策略和操作技巧，以及解析社交电商爆发式增长案例，希望能够帮助经营者在面对亿万人级社交用户时，懂得如何利用社交平台以低成本实现爆发式裂变增长用户数量。社交赋能传统行业，所有的零售都将进化为"新零售"，所有行业都会被重新定义。

广义地讲，任何网站或者在线服务，在其部分功能，是允许并提倡社交活动的，如评论、投票、讨论和分享、书签等，都可以称为社交媒体。2016 年 12 月商务部、中央网信办、国家发展改革委三部门联合出台的《电子商务"十三五"发展规划》，明确提出要正确倡导社交电商发展，鼓励社交媒体发挥内容创意与用户关系的优势，建立联结电子商务的运行模式，为消费者提供个性化电子商务服务，刺激网络消费实现增长。这意味着，社交、内容与电商的结合，已经诞生了一种全新的商业形态。随着社交平台的勃兴，销售裂变正在成为现实。

"社交裂变"的营销模式正在日益成为主导，诸如拼多多、趣头条等新的商业模式异常突出的表现，它们都是利用这种营销模式迅速获得流量的。社交流量红利正在爆发，社交裂变正在被大家重视起来。

移动互联网时代，用户已不分线上还是线下的。所有公司对营销的实际效果要求越来越高，监测手段也越来越高，各公司的营销负责人都面临着巨大的挑战。于是，新零售的概念应运而生。

本书从社交电商趋势开始，以社交裂变技巧为主，全面阐述了场景化社交、圈子营销、个人社交自媒体、用户触点、事件营销、故事营销等概念，并配以实战案例，从社交平台的电商化趋势到新商业模式的社交化裂变，对社交电商与新媒体做了全面剖析。

本书结合"完美日记"等企业流量池经验，探讨社交电商与新零售的应对之策。从角色定位、用户获取、互动激活、销售转化、风险规避等维度探讨销售裂变。当然，这一策略并不是放之四海而皆准的，假如你经营的是一家餐厅，你想把它塑造成一个"网红餐厅"的形象，那么你所采取的战术一定和可口可乐用来为其全球化品牌所做的努力完全不同。假如你的"网红餐厅"经营得很成功，但现在想要转行去做数码产品，那么从前那些被你奉为"铁则"的战术在新的环境中很可能失效。

希望读者能举一反三，结合自身实际情况，开创出独具特色的玩法。让我们以更加从容的心态，迎接新消费的滔天巨浪。

2020 年 6 月

目 录

第4章 理解平台的宗旨

01

第 1 章

社交电商
带来的新机遇

　　社交电商，全称社交电子商务，简单地说，就是在互联网上通过社交关系进行电子商务活动。它是一种基于人际关系网络，利用社交网站、SNS、微博等社交网络媒介，借助社交互动、用户自生内容（UGC）等手段等进行品牌营销或产品推广，促进销售转化，同时将关注、点赞、分享、互动等社交化的元素应用于交易过程之中，实现更有效的流量转化和商品销售的电子商务新模式。

社交媒体让裂变成为可能

社交电商的兴起，是多种因素综合作用的结果。

在传统网络时代，PC 端是电商交易的主导入口，此时为传统电商时代。

随着智能手机的普及与社交媒体的勃兴，供应链与支付环节日渐完善，人们迈入了移动电商时代。消费者购物习惯已经发生改变，人们越来越愿意在移动端完成购物。人们在消费过程中的信息传播、交互方式、应用场景与营销形式也更加多元化。搜索购物模式逐渐让位于发现式消费模式，流量呈现出去中心化的趋势。这就为社交电商的崛起提供了必要条件。进入移动互联网时代，移动端应用成为消费者联结电商平台的主要通道，于是进入了移动时代。

人们随身携带微信、QQ、微博等社交及媒体工具，而且随时都可能使用，通过社交关系链所展开的电子商务，成为人们的新选择。

社交电商的销售漏斗沿着社交媒体的关系链拓展，由此可以实现购物信息即时推广，并能够把影响客户的周期从几秒延长到几天甚至几个月，甚至能够多次影响和持续复购，从而实现与客户更为良好的互动，实现用户的"裂变式"增长。

与此同时，传统电商发展已经进入调整期。传统电商平台的盈利模式和搜索货架模式，使得卖家的流量成本越来越高，流量转化率整体走低。传统电商生存环境日益恶劣，获客成本与运营成本越来越高。

在这种趋势下，移动电商时代，电商平台已经很难垄断流量入口。通过场景化营销策略、在运营过程中添加社交元素等方式，可将社交关系转化为私域流量，最终实现商业转化。

社交电商与新零售的关系

关于社交电商与新零售的关系，可以举一个简单的例子说明。假设你有一家零售实体店店铺，对于来你店里的客户，你要想办法留下其社交媒体联系方式，比如加他们

的微信。只要你加了他们的微信，他们就已经是你的社交
电商客户了。你们之间的联系已经可以打破空间的阻碍了。

假设你开了一个土特产礼品零售店，每天进店的散客
有 100 人，那一个月就有 3000 人。这些散客大多是进来看
几眼就走的潜在客户，他走了以后不知道什么时候再来，
可能这辈子也见不到他，这些流量就白白丢失了。假设你
添加了潜在客户的微信，一个月下来微信好友就能增加
3000 多人，当店里有什么促销活动或上什么新品，你都要
拍图片发到自己的朋友圈里，而你发一条朋友圈就可能有
3000 人看到，发一条朋友圈信息就对应于你店里一个月的
人流量！

2015 年 11 月，国家市场监督管理总局发布《关于加强
网络市场监管的意见》（工商办字 [2015]183 号），首次将社
交电商纳入监管范围。这也意味着社交电商已经初具规模。

2018 年 8 月 31 日，《中华人民共和国电子商务法》颁
布，这意味着社交电商已经日趋成熟，社交电商健康发展
也已经有规可循。

传统电商的核心是商品和供应链，社交电商则更强调

以"人"为核心，利用社交工具与移动应用更直接地联结人和商品。

社交电商是一种亦商亦友的模式，但归根结底，社交只是一种手段，货品和服务才是根本。社交电商最后还是要回归零售的本质，首先是商，其次才是友。所以，社交电商首先是要有好的产品，有性价比高的东西，没有好产品就无法实现社交变现的商业功能。

人与人之间的信任是社交电商的核心，有了信任才会有交易，有好的商品才能维持信任，进而持续销售商品。

只有好产品才能在社交关系链上流动，而这是社交电商平台可持续发展的核心。

社交电商的本质是社会化零售。社交电商既属于电商，又是一个全新的业态，以往传统的游戏规则不再适用了。社交电商将商品、信息和用户三者真正联结起来，让电商销售终端无处不在，联通消费者生活的所有角落。

社交新零售才是未来

毋庸置疑，社交电商也是一种零售。但零售业的尴尬之处在于，它处在一种捧杀电商、唱衰实体的舆论氛围中。仿佛电商零售与实体店零售，是一种零和博弈、势不两立的关系。

其实，电商零售与实体店零售，已经出现线上线下的相互融合的趋势。有业界人士认为互联网时代，传统零售行业受到了互联网的冲击。未来，线下与线上零售将深度结合，再加上现代物流，服务商利用大数据、云计算等创新技术，构成未来新零售的概念。

可见，所谓"新零售"，是一个动态变化的概念。目前以"新零售"命名，只是找不到更恰当的描述方式而已。

一般认为，"新零售"是让线下共享线上数据、订单和客户信息，共同打造良好的消费体验。纯电商很快将沦为一个过时的概念，纯零售的形式也将被打破，新零售将引领未来全新的商业模式。

在新零售模式下，渠道的界限已模糊。有人预测："未来的十年、二十年，没有电子商务这一说，只有新零售这一说。也就是说线上线下和物流必须结合在一起，才能诞生真正的新零售，线下的企业必须走到线上去，线上的企业必须走到线下来。线上线下加上现代物流合在一起，才能真正创造出新的零售起来。"零售业转型的关键，不仅是技术、场景的改变，而且是内在的改变。传统零售竞争战略是以企业为中心，新零售的竞争战略则是要以消费者为中心。

抓住"30 年一见的新机遇"

著名互联网大咖，《MBA 教不了的创富课》一书的作者雕爷，他的一篇文章全网疯传，这篇文章名叫《真别怀疑了，新消费滔天巨浪来了》。获作者授权，在此分享此文。

他在文章中举了一个例子，家乐福，曾经的中国超市之王，毫无疑问是中国零售业的黄埔军校，卖身时估值只有 40 多亿元，而最近"喜茶"正在融资，估值到了 90 亿元……还有没有天理？还有没有王法？！家乐福那可是

200 多家几千上万平方米的超级大卖场啊，而喜茶是不到 200 个十几平方米的摊位……然而喜茶的估值却是两个家乐福？

可以说，"这次机遇，是三十年一遇"。

如果说互联网的商业化是工业革命在信息时代的必然延续，那么商业的互联网化则是一场以媒介、技术、价值、社会网络和公共空间等多重要素为基点的颠覆。

为什么说是三十年一遇？具体说，就是三十年前，宝洁公司刚来中国那个年代。那时，宝洁带着第一款产品"海飞丝"来了，对手是谁？是国产"蜂花洗发水"，那简直不是竞争，那叫屠杀、碾压，用现在流行的话说，那叫"维度打击"。对"蜂花"来说，海飞丝从产品设计，到供应链管理，到品牌建设、消费者沟通……所有一切，都仿佛天方夜谭一般，只有一件事很真实："蜂花"彻底出局了。

现在，无数传统消费品牌，看待那些"新锐、网红"品牌时，差不多也是一样的茫然，完全看不懂其运作原理，但是，年轻消费者就跟疯了似的追捧。总结下来，这次

"新消费品"的滔天巨浪背后，是三个大浪的叠加。

首先是"新媒体"，这是显著第一大浪——从 2019 年开始，快手和抖音这两个短视频王者，已经统治了 3 亿人以上年轻人的生活，罗振宇曾反复提及，一切的争夺归根结底是用户时间的争夺，当这几亿最具消费力和话语权的年轻人，每天几个小时消耗在短视频和直播时，你告诉我什么是"消费者沟通"？另外的时间，他们在刷朋友圈，或者购物前小红书种草……如果你的广告投放，无法真正切入这几个领域，你肯定已经"边缘化"了。

然后是第二浪——"新渠道"。天猫京东唯品会，那已经是"古典电商"了。新崛起的像"云集"，那都是朋友圈卖货啊；拼多多，到现在我也不知道该怎么介入进去，可我就知道，那里新冒出几亿名消费者，而我置身事外简直是哭笑不得……小红书也是屡创奇迹之地，玩得转吗？而且无数细分赛道，都各自上演着奇葩又令人惊叹之事，例如，"毒"上卖鞋，2020 年应该过百亿元销售额了……啥？你还没去逛逛买双鞋子？你太落伍了。而且有些渠道和媒体打通了，例如抖音带货，现在已经蔚然成风，你只是看看时，它就是媒体；当你刷着刷着，加了购物车，那它秒变渠道。

第三浪则更狠，就是"新产品"。上面说到的"完美日记"，阿芙 CEO 老杨有一次买来一支他家的口红给我看，我认为值二三百元，结果被告知只卖 60 元，而代工厂给出的信息是，成本大约 30 元——要知道，传统化妆品的加价率大约在 10 倍，也就是说，他家真的是把传统该卖 300 的口红，用两倍的加价率来卖，还动不动再来个"第二支半价"，咦？这不是小米的打法吗？小米过处，寸草不生，为啥？极致的性价比。

其实"喜茶"也差不多这样，你随便买一杯，先别说茶，光看杯子，用料和材质，就甩星巴克一条街了。星巴克用的杯子那真是一次性用料啊，而"喜茶"的杯子，你喝完后洗洗，在办公桌上再用一星期也不担心坏掉的。

更何况内容物，"喜茶"真的良心用料，据西贝贾国龙透露的内部信息，"喜茶"也只是加价率两倍而已，10 多元的成本，卖 20 多元——但你要知道，传统饮料行业，如果零售价 20 多元，那么成本必须控制在两三块钱的（例如星巴克），因为 10 倍加价率，这几十年来一直是行规。

最终应了大卫·欧格威那句话："消费者不是别人，他是你的妻儿。"也就是说，消费者不傻，你拿出货真价实、极致性价比的东西，他们真买单。

但这种疯了一样的"自杀式"超低加价率，又必须有前两者的配合，在新媒体和新渠道方面，也许是网红属性，也许是渠道新颖，能大省特省，然后把省下来的钱补贴给了消费者，从而又潮还又很便宜，东西还实在是挺好……对传统品牌的碾压，就此拉开序幕。

在这三大巨浪之外，还有一个"完美天气"的配合，就是消费升级真的是存在的。

比如，你说"喜茶"、瑞幸咖啡们，真的是抢了谁的市场吗？比如我看我们公司开会时，就经常有人叫杯外卖，中途送进来。要说抢，抢的是公司饮水机的市场——可饮水机明明是免费的……

峰瑞资本，当年投资三只松鼠的一个重要理论支撑，就是"当人均收入到了一定地步，坚果类零食消费就一定会上来"，结果当然是大获全胜。更早一些，牛奶制品的爆发也是这个逻辑，就是人均消费到了的必然结果。

然而这次不同在于牛奶或坚果的消费，还是有欧美日的样本可以参考，而这次新消费品的到来，则是中国人的消费方式和欧美日某种程度上的"分道扬镳"了。

没办法，中国在互联网应用领域，扎扎实实是局部领先，无论是抖音、快手这种小视频，还是移动支付手段，至少也是中国与美国各玩各的，再没法用"美国早两年的东西将是中国的明天"那种论调可以解决。

争气的是，中国供应链，这 20 年来确实是从落后，被欧美日远超，到今天集群效应产生，至少在消费品生产的反应速度上，中国说自己第二，不知道谁敢说第一？（我指的是反应速度和综合性价比）

我们消费什么？

就别买爸爸妈妈们那些老牌子啦，听听最新的话题领袖们咋说，看看直播的 KOL（关键意见领袖，Key Opinion Leader。营销学上通常被定义为：拥有更多、更准确地产品信息，且为相关群体所接受或信任，并对该群体的购买行为有较大影响力的人）。怎么种草？唰唰小红书、朋友圈有啥推荐？再配合"90后""00后"们民族自豪感爆棚，而很多国货也确实争气，品质过硬还性价比超高，细节做得比老外品牌更贴心，IP更接地气……那就买买买呗。

最后，我抛出核心观点：在"新媒体、新渠道、新产品"这三股滔天巨浪的加持下，配合中国新一代消费升级的"完美天气"，最终我们会得到一个叫"新品牌"的东西。

从产品定义，到供应链，到传播，再到服务，每一个环节，都和以前教科书上说的消费品生产不一样。真的变天了。不光变天，土壤全变，你说结出的果实，还和以前一样不一样？

小米开了个"极致性价比"的头儿，然后国内群雄纷纷吸收其营养，华为、OPPO、Vivo们一鼓作气，打成一团……结果打了几年回头一看，三星把中国最后一家手机生产厂关啦！

没办法啊，国产手机，3000元的品质，就是能和三星五六千元的手机抗衡，而且细节处贴心10倍，三星怎能不兵败神州？然后，华为在全世界销量领先于三星，小米、

OPPO 在东南亚横扫千军……手机领域出现的一些奇迹，在中国消费品市场，正重新上演。

文章结尾，我用我们内部最近经常提及的一句话送给大家：

"每一种消费品，看来都值得重新做一遍了。"

02

第 2 章

"后流量"时代的
社交突围

如果说"公域流量"是流量革命1.0,"私域流量"是流量革命2.0,那么在"后流量"时代,通过社交媒体平台,获得品牌宣传,建立与潜在客户的联结,是对二者的超越和融合,可以被称为流量革命3.0。

我们为什么要做社交电商?

目的还是要赚钱啊!

社交电商,说白了就是一种"社交资产"的积累与变现的艺术。

然而,一些企业走偏了。比如把追求粉丝数作为最重要的指标,把追求100000+作为考核指标。

这当然是可以理解的,很多公司做新媒体的时候,喜欢找外包公司代运营，或者从传统的营销部门中派些年轻人去试一下。而运营者要面对领导考核，最浅显也最能打动领导的指标就是粉丝量、阅读量。然而，这种粉丝量和阅读量其实是很容易作弊的。于是，通过各种常规非常规的手段圈粉也就可以理解了。

传统电商平台的流量困局

对于"古典电商"的创业者来说，在淘宝等电商平台获取流量非常难。

因为平台属性，造成获取新客户的成本极其高昂。

这些电商平台的流量是闭环的，流量只能进不能出，平台把流量都牢牢控制在自己手里。要想从中获取流量，就必须"砸钱"。获取淘宝的搜索流量，就要砸钱；做淘宝活动，也要砸钱；买淘客、直通车，都要砸钱……砸钱买广告就有新客户，否则就门可罗雀，可以说，"古典电商"的成本并不低。

假设客户想买一个麦克风，先打开淘宝搜索"麦克风""话筒"等关键词，然后就可以看到数以百计的麦克风产品，用户可以根据销量、价格等元素进行排序，然后点击链接选择产品，重复选择几个麦克风进行比对挑选、咨询客服、下单、付款。

在这个过程中，搜索是最关键的，而搜索的结果则是被平台控制的。因为平台机制不希望你有老客户，所以，即使成交，你也很难积累老客户。

私域流量的突围

社交电商是传统电商转型升级的必由之路。

2018 年，阿里巴巴集团提出让商家重视"私域流量"的运营。第一次提出了"私域流量"这个概念。天猫向商家建议："前期注重公域积累用户，后期注重私域运营黏性。收藏、加购后的权益、利益点刺激可增加转化。"阿里提出这两个名词之后，却没有对其进行全面的解释。

那么，什么是公域流量？什么是私域流量？

公域流量，其实就是初次主动或被动参与到开放平台的内容曝光中的流量，是在公共范围内每一个商家都能够获取的流量，现在基本上所有有来源入口的流量都是公域流量。

公域流量包括官方搜索展示的渠道。有好货、必买清单、手淘搜索、每日好店、淘宝直播都算是公域流量。再比如以电商流量为代表的淘宝、京东、拼多多，当你进入这些网站或者在这些网站中搜索一个产品时，展示的是直通车的广告和钻展区的横幅广告（banner）以及商品的排名展示。某种程度上也可以说，公域流量是商家只能以付费或者活动等方式，想方设法满足平台规则而获取的流量，是无法留存的。

对于传统电商来说，公域流量已成瓶颈，私域流量似乎成了最后的救命稻草。

私域流量是在"关系链"基础上产生的可信任流量。以微信为例，如果你想要看张三的朋友圈，你必须先加张三微信成为好友，然后才有权限去翻看他的朋友圈。如果一个人通过了你的好友验证，说明了你们之间建立了一种"关系链"。普通人的好友基本上是家人、亲戚、好友、同学、同事等。所以，即使是普通人刚刚学做微商，也可以快速出单，因为用的是自己的关系链，成交转化率会很高。

可以说，公域流量就是大盘流量，即各种电商平台的流量；私域流量，从字面来讲，就是属于自己的流量。运营私域流量，也就是把自己的客户资源黏住，提高老客户的复购率。私域流量重在运营，运营重在互动。所以，运营私域流量最好的工具是微信个人号、公众号、微信群、微博等。

广告也可以有料有趣

多屏时代的信息过载，必然导致注意力匮乏。心理学家有个比喻，这就如同我们对着高压水管喝水，水量明明挺多，可是你能喝到嘴里的反而越来越少。

传统方式广告的投放，精准性肯定不高。不要说年轻人，就连中年人都开始注意力匮乏。看个电视都会走神儿，打开手机刷刷微信、抖音什么的……

所以，广告光有趣还不够，还要有料。因为你的受众也在搜寻有价值的内容。有趣只能短暂吸引受众的注意力，要想产生持续的黏性，就要创建有价值的内容。在这些有价值内容的间隙，嵌入我们的产品或服务的信息，以吸引受众消费。这种营销思维被称为"内容营销"。

内容的形式可以是视频、博客、帖子、图像、网络讲座、微博、白皮书、电子书……在网络领域，任何有价值的信息都可以被称作内容。

过去十几年中，内容营销主要是针对台式电脑。之后，我们需要将思维转换，牢记"移动设备优先原则"。

要知道，受众很聪明，可能已经有读者怀疑我有没有在这本书里植入大量广告。

当然没有。但如果我说有，估计读者也会信以为真。但它们影响到你的阅读了吗？并没有，因为这本书绝大部分内容都是有价值的"干货"。

正如戴维·斯科特所言："你的客户不会关心你，也不会关心你的产品或你的服务……他们关心的是自己，是他们自己的想法和需求。内容营销是为客户创造他们所需要的有趣的内容，这才是他们关注你的真正原因。"这个观点可谓话糙理不糙。

制造资讯债权

为什么很多人会说"我们欠星爷一张电影票"？

因为很多"80后"的青春岁月，大都是看过盗版碟的。比如周星驰的一些电影，都是通过盗版渠道看到的。

当这些人成为社会中坚，心理学上的"互惠原理"开始发挥作用，就会觉得应该为周星驰的电影贡献票房。

所以，当很多人走进影院买票，不仅仅是因为周星驰这三个字代表着一定的质量水准，还有一种"偿还"的情怀在推动。

网红，是网络红人的简称。

网红能为我们提供什么满足？快乐、幻想、资讯、情感共鸣……这些本质上都是"资讯债权"，它可以通过多种形式变现。

和菜头善于写幽默思辨的博客，他带给网民的是一种混合着智力冒犯的快乐。

各种美女博主，则给了网民以幻想。网红的功能不一定单一化，还可能有各种价值的综合。

罗振宇的《逻辑思维》，你可以说是《知道分子》的网络文摘，但你必须承认一个现实，高级知识分子所占人口比例又有多少呢？通过选题策划，把一些常识性的东西深度加工、二次编辑、朗读出来。用一些新媒体观察家的话来说，这就是加持版的心灵鸡汤。

心灵鸡汤其实是个很美好的概念，指的是那些滋润心灵的好文字。

后来的鸡汤手们为了逐利，就加进去了很多添加剂，产出了很多的有毒的心灵野鸡汤。于是乎，"鸡汤"这个词儿仿佛就臭大街了。但你不可否认鸡汤体曾经的辉煌，未来将通过改头换面再次辉煌。

尽管很多人诅咒鸡汤，但这种批评其实毫无意义。

或许，对于学养深厚的人来说，罗振宇的东西浅薄了一些，但罗振宇的目标听众是普通大众。而《逻辑思维》的这个深度，足够普通大众仰视了。对于大众来说，《逻辑思维》的"养分"是合适的，再深一些的东西，就会曲高和寡、"虚不受补"了。

《逻辑思维》的商业模式也是资讯互惠原理在起作用。我天天给你念有营养的段子，口干舌燥的，我推荐您买本书，您总不至于拒绝吧！

学者孙惟微曾提出过"十万分之三法则"——大约只有3/100000的人在生产有传播价值的网络内容，而绝大部分人在消费网络内容。

提供内容的人永远是少数，消费者永远是最多的。在10万名网民之中，关键意见领袖仅有3个左右，他们的人数最少，但网站给他们的权重最大。

然后是在10万名网民之中占人数大约200名的"邮差"，他们快速转载、传播、评论前沿网络内容，他们就是活跃用户。

在10万名网民之中，剩下的9万多人基本属于潜水者，就是纯粹的网络消费者，提供流量和点击，数量最大。

这种人群的比例，遵守严苛的幂率分布，是"二八法则"的极端体现。

这些网络资讯消费者，基本是免费就能获取内容资讯。

在潜意识里，他们中的大部分人依然受"互惠"这一本能的制约，他们会喜欢、甚至爱戴这些内容生产者。

警惕数据污染

郭敬明的《小时代》尝到了粉丝经济的第一口汤。

曾创下破 20 亿元票房的《小时代》系列，过千亿次的数据奇迹，甚至塑造了新型的互联网造星模式。当市场逐渐回归理性，同样由其导演，众多流量明星主演的《爵迹》投资 2 亿元人民币，仅收入 3.8 亿元人民币，风光不再。

事实上，市场常常难以统计明星的真实粉丝数量，大家似乎只听声音、只看数据，而这些可能只是虚张声势。

所谓"粉丝"，就是 fans，就是英文"狂热者"的意思。不狂热，那就不是真粉丝，只能叫关注者。粉丝，就是部分让渡思考主权（给偶像）的人。也就是说，有些事不思考了，交给他觉得值得交给的人代为思考，后者给结果就行。所谓"脑残粉"，就是主动让渡了部分思考主权的追随者。

只要你愿意砸钱，你可以买粉丝、买榜单。这其实是一种数据污染。所以，不能将广义的粉丝（关注者）数作为唯一考量。因为现在的僵尸粉、仿真僵尸粉，甚至活粉的价格都不贵。

有些大V为名所累，说话中规中矩，毫无特色。还有个别大V，花钱买了几百万名粉丝，每条微博下面仅有10来条留言，这10来条留言估计也是花钱雇人留的。

许多所谓的"狂热粉丝"都是营销出来的，并非真实，多数的粉丝经济背后都是资本的意志。据媒体披露，粉丝更多的是充当水军，营造火爆氛围，刺激销量。这些所谓的粉丝，日常就是刷热度，从打开微博、贴吧开始，就不停地发内容，带关键词。

此外，还要数据"控评"和唰杂志销量，目的就是为了营造偶像高人气的氛围。这种粉丝能够很轻松地把自己偶像刷上热搜、让品牌获得更高的曝光度，但几千万个粉丝中究竟又有多少能够真正为品牌买单？

1000 个忠粉效应

古人云：人生得一知己足矣。

而一个职业自媒体人，根本不需要过多"关注者"，能有 1000 个真正的关注者就已经很厉害了。

从理论上来说，假设每个铁粉平均每人每年为偶像贡献 100 元的供养，比如捐赠、打赏，或者通过购买商品输送利润，那么这位自媒体偶像就可以保证饿不死了。

从影响力上说，这 1000 个喜欢你的粉丝，可以迅速为偶像带来几倍的外围粉丝，这些外围粉丝又会有一部分转化为铁杆粉丝。

比如某位微博网红，每天发的微博只围绕两个主题。

他从几十个粉丝到 1000 个粉丝，大约用了一年；从 1000 个粉丝到 10000 个粉丝又用了一年；从 10000 个粉丝到 20 万个粉丝只用了半年。粉丝的增长是指数级的。

一些爱"转世"的微博红人，转世了几十次了。每次粉丝涨到几万个都会被销号。但他的铁粉大约有 5000 个，不出几天，转世账号的粉丝又涨到几千个。

有些网红是以"诡辩者"的人设出现的。大部分人说好的，他总能找一个角度论证其不好。大部分人认为坏的，他却能挑出一些闪光点。

他的粉丝也有一个固定群体，尽管有时说的是歪理，也能引来"吃瓜群众"点赞，鼓励他们继续发表言论。

03

喂饱
内容怪兽

　　对使用社交媒体的人来说，每天最大的挑战就是找到足够多的内容来分享，业内把这叫作"喂饱内容怪兽"。实现这一点有两个方法：原创和集萃。

　　内容分发平台是公认的流量入口，BAT（百度、阿里巴巴、腾讯）三巨头开始纷纷下场，通过补贴的形式聚拢资源，拉拢内容生产者，进而争夺流量。通过发表有价值的内容，获取自媒体平台的公域流量，从而实现引流。

　　获取私域流量离不开重要的自媒体平台，如何才能在这些平台上游刃有余呢？

　　所谓平台的推荐机制，无非是基于兴趣的内容推荐，和基于关系链的内容推荐或者关键词的搜索。理解平台规则，才能实现公域向私域流量的转化。

内容创造包括撰写长帖子、拍照片、做视频。我们的经验是，要持续写出高推荐的文章，就要追热点。百度风云榜、微博热搜榜、搜狗热搜榜，就是热点的风向标。在此之后能否流传久远，就看内容自身的质量了。

微信订阅号

微信公众号分为服务号、订阅号、小程序。其中的订阅号是内容引流的主战场。

微信订阅号一句关系链进行流量分发，所以没有一定量的订阅用户，很难有可观的阅读量。大概从 2016 年春节以后，微信订阅号的打开率越来越低。

从 2018 年开始，新注册的公众号，无论是个人公众号还是企业认证的公众号，微信官方都没有开放留言功能。但这并不意味着订阅号不再有机会，努力做好优质原创，后来者也有成功的机会。

如果你的公众号主体是公司，想让公众号拥有留言功能，就必须购买一个有留言功能的号，做账号迁移。只要原账号和目标账号中，有一个有留言功能就可以，在公证处进行公证，就能申请迁移，就能永久拥有留言功能了。这是一种运营私域流量的重要形式。

QQ 也有公众号

　　QQ 公众号也是腾讯公司的产品，是为解决个人、企业、组织在 QQ 平台上的业务服务与用户管理提供实用的服务工具平台。其内容分发逻辑与微信公众号是一样的。QQ 公众号的用户更年轻，主要面向"90 后""00 后"人群。如果你的潜在客户是这批年轻、活跃的群体，就可以通过运营 QQ 公众号来获取私域流量。

企鹅号

　　企鹅号是腾讯公司的一站式内容创作运营平台，媒体、自媒体、企业、机构都能够通过企鹅号获得更多曝光与关注，并从中获取私域流量。

2017 年腾讯全球合作伙伴大会前夕，马化腾先生在《给合作伙伴的一封信》中表示：海量数字内容的生成与分发正在促成"大内容"战略。企鹅号的优点是多平台一键分发与推荐。既然是腾讯旗下的自媒体平台，企鹅号文章的推荐渠道自然非常多，在腾讯新闻客户端、天天快报、微信新闻插件、手机 QQ 新闻插件、QQ 公众号、手机腾讯网、QQ 浏览器等平台渠道一键分发，可以实现优质内容的更多、更准确曝光。

今日头条

今日头条是北京字节跳动科技有限公司开发的一款基于数据挖掘的推荐引擎产品，为用户推荐信息、提供联结者与信息服务的产品。由张一鸣于 2012 年 3 月创建。今日头条有推荐阅读的机制，平台会根据你的阅读习惯推送相关的内容，其是适合社交电商打品牌的，它会因为你的读者多，受到读者欢迎，从而给你推送流量，使你获取更多被动流量。它的规则其实很简单：第一是文章要原创，才能获得更高权重。第二是文章在头条首发才能获得推荐。

头条号

今日头条账号是普通用户，头条号是创作账号。头条号曾命名为"今日头条媒体平台"，头条号的流量分发机制是根据"推荐"决定阅读数，而不是"粉丝"。也就是说，只要获得的"推荐"越多，文章的阅读量就越高。所以即使你才刚入驻，也有可能获得高流量。

头条号的确占据着很大的市场份额，但头条号在搜索引擎中收录并不及时，并且排名不是很高，这是其不足。

大鱼号

大鱼号是阿里文娱平台为内容创作者提供的账号，为内容生产者提供"一点接入，多点分发，多重收益"的整合服务。

　　"大鱼号"是由原来的 UC 订阅号、优酷自频道账号统一升级而来的。UC 被阿里收购之后并入阿里大文娱，作为阿里巴巴对标头条号的战略产品。

　　大鱼号的优点也就是前文多次提及的一点接入，多点分发。大鱼号的流量分发机制是算法机器人会优先推荐原创内容，并无情地打击抄袭账号。所以，靠抄袭、搬运是很难混下去的。

百家号

　　百家号由百度专为内容创作者打造，是一个集内容创作、发布和变现于一体的互联网平台。内容创作者在百家号发布的内容会通过百度信息流、百度搜索等分发渠道影响亿万用户。百家号的流量和收益都比较多，但需要注意的是，百家号的查重机制严格，如果你重复发送相似的图文，会出现审核不通过的情况。

网易号

网易号以前的名称叫作网易订阅。是网易传媒在完成"两端"融合升级后，全新打造的自媒体内容分发与品牌助推平台，它是集高效分发、原创保护、现金补贴、品牌助推于一体的依托于网易传媒的自媒体发展服务解决平台。

网易号一篇文章的推荐时效性有 24 小时、48 小时、72 小时、1 周等。文章的时效性也会影响到推荐的周期和顺序。例如，一篇文章刚进入推荐系统时，系统会通过类别、关键词等找最感兴趣的 1000 个用户，如果这批用户对这篇文章的点击、评论、收藏、转发等比较多，系统会认为这篇文章很受用户的欢迎，会继续把文章推荐给更多用户。反之则减少或停止。

搜狐号

搜狐号是在搜狐门户改革背景下全新打造的，关于分类内容的入驻、发布的自媒体内容平台。搜狐号利用了搜狐三端平台强大的媒体影响力，入驻用户可获取可观的阅读量，提升自己的行业影响力。搜狐号的流量来源于用户搜索而不是平台推荐。用户通过各家搜索引擎搜索关键词的时候，靠前位置的内容基本上是搜狐号的，因此想要把搜狐号做好，就要做好关键词优化。搜狐号的优点是流量大，搜索引擎权重高，可以做一些私域流量的引流工作。

新浪看点

新浪看点是新浪推出的智能化内容平台，它可以将内容分发到新浪新闻客户端、手机新浪网、新浪网 PC 端、新浪微博等新浪产品矩阵中，提供海量曝光，实现私域流量的转化。新浪看点的优点是流量大，收益多，搜索引擎给予的权重高，可以设置内容同步新浪微博，对于优质账号，新浪会主动给你的微博涨粉。

大风号

大风号，原名凤凰号，是凤凰新闻客户端旗下的自媒体产品。大风号背靠凤凰网，因其传统门户网站起家，大风号更加专注优质头部作者和内容。大风号已经实现了多个渠道联动下的内容生态格局，其中，不仅有大风号和一点号的打通，还要加上手机凤凰网、凤凰网、小米浏览器、OPPO 浏览器，六大分发渠道实现优质内容覆盖上亿名用户。

微博自媒体

2009 年 8 月，新浪微博上线内测，此后两三年时间，凭借着新浪此前在门户和博客时代积累下来的大量资源，以及微博本身"快速传播"式的产品机制，它以暴风般的速度席卷整个互联网，成为互联网圈内最令人瞩目的产品。

微博是一个社交化媒体平台，本质是一种弱关系的媒体工具，微博注重的是传播的速度和内容公开。

微博自媒体仅针对个人用户，是微博站方管理和激励自媒体作者的机制，帮助更多有品牌、有影响力的作者成长。

微博自媒体和微博签约自媒体共同构成自媒体成长体系。

仅针对文章作者而言，微博自媒体需要每月发表超过5篇文章，且至少单篇超过1000次阅读。微博自媒体的准入门槛不算高，目的是帮助持续贡献优质内容的中小博主在微博更好地成长。而微博签约自媒体则是微博自媒体的升级。

知乎，一个问答社交平台

知乎是一个网络问答社区，联结各行各业的用户。用户分享着彼此的知识、经验和见解，为中文互联网源源不断地提供丰富多样的信息。

知乎属于问答社交平台，大多数的流量是通过回答问题而来的，当一个问题有很多人争相回答的时候，你的回答排名靠后是得不到多少流量曝光机会的。所以，回答的质量往往决定了引流效果的好坏。但是，知乎更看重的是社区氛围，所以，你回答问题的态度也非常重要。如果你只是寥寥数语，点到为止，即使字字珠玑，也很难获得流量推荐。即使你回答问题很详尽，但态度很嚣张跋扈，也可能不被推荐。

悟空问答，对标知乎的问答平台

悟空问答之前是叫头条问答，2017 年 6 月改为悟空问答。悟空问答对外宣传的使命是，增长人类世界的知识总量，消除信息不平等，促进人与人之间的相互理解。悟空的社区氛围类似知乎，所以文章的语气要诚恳。回答的时候，内容是至关重要的，一定要紧扣标题写，不要跑题，多突出标题关键词，这样可以提升排名。

百度知道

百度知道是一个基于搜索的互动式知识问答分享平台。如果你做的东西用户不搜索就没意义，因此要根据用户习惯做优化，提升用户对你产品的认知，提升产品曝光度。做百度知道问答的时候，必须先准备好目标关键词和长尾关键词，可以利用一些工具，把准备好的关键字和长尾关键词都列出来，这样组合成的问答文章的权重会比较高。只要关键词铺好，内容做上去，自然会有一些用户搜索你的。

百度贴吧

百度贴吧的创意来自百度首席执行官李彦宏：结合搜索引擎建立一个在线的交流平台，让那些对同一个话题感兴趣的人们聚集在一起，方便其展开交流和互相帮助。贴吧是一种基于关键词的主题交流社区，它与搜索紧密结合，准确把握用户需求，为兴趣而生。

百度文库

百度文库引流无须大量账号，因为你上传的每篇"高精尖资料"都是一个独立的、合法合规的引流诱饵，作用等同于贴吧抢楼发广告的账号。

百度文库的引流逻辑是，准备行业优质内容——整理上传，吸引潜在粉丝阅读、引导关注添加。

百度文库的内容要提高排名，离不开标题的相关性，一般而言，百度文库更适合做长尾词的排名。在确定文库主题之后要找好合适的长尾词，最好有点指数，然后在标题中出现。而关键词密度也是提高排名不可忽视的一大因素，除了在标题中出现之外，还应该在首段、中部以及尾段中适度地自然地出现，出现时候可以适度做加粗处理，所谓"适度"也就是说加粗几个即可，否则会降低通过率。

抖音

抖音基本上是个纯公域的流量池。稍微研究过抖音的人都知道，抖音最厉害的莫过于它的算法。

为了迎合算法，你的账号内容定位应尽量垂直细分，如果你发布的视频内容不垂直了，这样会很影响账号的权重。

账号的互动也很重要，可能你不认为抖音是一个社交媒体平台，但用户对视频做出转发、评价和点赞的行为，当然应该算是一种社交行为。

内容为王！如果你的视频内容很平常，你做再多的优化也是无济于事的，它是不会火的，也不应当火！平凡的内容是不配有排名或者被人注意到的。

如果发现自己被"降权"了，就应该检视是不是违规了。例如自己的视频是否打广告，视频是不是搬运过来的，是否出现违规或者敏感的词语等。

快手

快手的口号是：看见每一种生活。所以，快手的运营一直强调的是"人"，是一种基于关系链的流量分发机制。你有自己独特的个人 IP，有自己的特色，那么拥有大量客户就是非常简单的事。

从账号命名上，就应该定位于垂直细分，比如：小明聊创业、小丽谈拍摄等。

快手带有腾讯的基因，有一种"老铁文化"。相对同级别的视频平台而言，快手更能建立更紧密、更有黏性的用户关系，促进信任感的建立，而信任感则是培养用户在电商短视频营销下转化购买行为最为重要的一点。

快手平台非常鼓励用户进行视频原创，无论是搞笑的段子还是课程教学、自然风光，只要你是原创就有上热门的可能性。

喜马拉雅

喜马拉雅是知名音频分享平台，总用户规模突破 6 亿人，2013 年 3 月手机客户端上线，两年多时间手机用户规模已突破 2 亿人，成为国内发展最快、规模最大的在线移动音频分享平台。

在喜马拉雅，账号权重以及被推荐流量的多少，都与账号等级有关，这个等级非收听等级，而是主播等级。

成为喜马拉雅主播后，快速提升主播等级有助于得到平台更多的流量扶持和曝光，使你的专辑声音被更多人看到，同时还能解锁不同等级的主播功能，使你在喜马拉雅平台上有更多的操作空间和优势。

当然，身为主播，你的基本素质也很重要，如内容是否深入浅出、音色是否悦耳等。

04

理解
平台的宗旨

引流和赚钱一样，都要掌握其背后运行的逻辑。本章
会介绍几个社交媒体平台的创始人的产品逻辑，可以帮助
我们更好地理解不同类型平台的宗旨，进而理解其游戏规
则的精髓。

知乎：更注重社区氛围

1980 年，周源出生在贵阳的一个知识分子家庭，父亲
是新闻工作者，母亲是教师。早在 20 世纪 90 年代初，周
源就接触到父亲工作用的 386 笔记本。

周源大学就读于成都理工大学的电子计算机系，毕业

后先是进入了一家公司做程序员，由于无法强烈感受到创造价值的成就感，机缘巧合下便转行做了 IT 记者。历经无数采访，他看到大量科技公司生生死死的变化，却苦于作为旁观者和记录者无力改变。于是，渴望主导浪潮的周源选择了裸辞，创业。

周源第一次创业选择了自己擅长的大数据领域做 Mate 搜索，帮助企业进行搜索引擎的广告投放 。但仅仅一年多，周源的创业"首秀"就宣告失败了。这次失败让他意识到：产品一定要能解决一个真实的市场需求。

于是，周源去了西藏散心。旅途中，朋友张亮给他发了一条短信："人并不是仅仅在寻求结果，如果只是为了寻求结果，人是很容易走捷径的。在走捷径的过程中，人很容易迷失真实，甚至连满腔的热忱也会逐渐丧失。我认为真正重要的是追求真实的意志。只要有了这种向真实前进的意志，即使这次失败了，终究我们也会达到终点。"

休整了几个月，周源重新出发。当时 Facebook 前 CTO 出了一款叫作 Quora 的产品，周源决定对标这个产品，联合张亮一起创办了知乎，周源担任 CEO。

2011 年 3 月，获得李开复的天使轮投资后，周源重招旧部。

周源等创始人在 2011 年立下规矩：认真、专业、友善——好的讨论需要有讨论意愿，认真的态度，要求交流者有一定知识水平和专业能力，而不是泛泛的消遣，且交流过程要友善。

2018 年底，挖来了在一家母婴电商做 CFO 的孙伟替换掉了原来的 CFO。周源认为，重要的合作伙伴，或者高管，一定要志同道合。要将知乎的长期规划非常清晰地告诉他们。如果他们不是和自己一样的长跑型选手，那不如当下就退出。

在周源的把控下，知乎团队用两年的时间营造出了一种"小而美"的氛围，知乎在产生高质量的内容的同时，也拥有一个相对和谐的环境，这样就吸引了更多的用户参与到知乎的内容创造中来。

头条系：内容下沉

中国互联网流量，原本已经是 BAT 三家的三国游戏，但令人意想不到的是，今日头条横空出世。

"头条系"是怎么崛起的呢？

2011 年，张一鸣通过新闻了解到，当年智能手机的出货量相当于之前三年的总和。于是，次年 3 月，他辞去房产搜索引擎"九九房"的 CEO 职务，创办了"字节跳动"，做出内涵段子、搞笑囧途等一系列内容的产品。

2012 年 8 月，"今日头条"上线。据其官方介绍，这是一款基于数据挖掘技术的个性化推荐引擎产品，它为用户推荐有价值的、个性化的信息，提供连接人与信息的新型服务，是国内移动互联网领域成长最快的产品之一。

今日头条上线 3 个月，积累用户数就过千万人，成为内容领域的一个"异数"。它没有一个编辑，不生产内容，对手却是《南方周末》《扬子晚报》《楚天都市报》《齐鲁晚报》这些传统媒体，以及四大门户网站和新闻客户端。

今日头条这款产品最大的特点就是针对内容的智能算

法推荐。所谓智能算法推荐，就是把合适的内容推送给合适的人，平台相当于精准流量分发机器。但是，张一鸣引以为傲的"算法"，是媒体人竞相攻击的靶子。

今日头条崛起有两个最重要的原因，一是流量红利，二是算法精准。此外，就是所有人诟病的定位低端。

大家都喜欢高精尖人群，用尽各种运营手段提高这些用户的比例。对于三低人群（低年龄、低学历、低收入）则是爱答不理。今日头条的主流用户群刚好就是后者。

在中国这片广袤的土地上，受过高等教育的人只有1/10，而我们津津乐道的移动互联网"人口红利"，三低人群占据着绝对比例。当年今日头条通过手机预装软件收割的增量用户，构成了头条帝国的一块基石。

2014年是至关重要的一年。微信公众平台的繁荣，吸走了全国最优质的创作者。头条号后来居上，用更大的流量和更高的收益，试图与其分庭抗礼。

2016年．今日头条广告营收达到60亿元，估值80亿美元。许多人不信并且嘲笑这个估值，而到了2018年，今日头条的广告营收预计在300亿元至500亿元，传出的最新估值也达到了 300 亿美元。2017 年已经有 7 亿名用户使用今日头条，今日头条月活跃用户 2.19 亿名，日活跃用户数已经达到了 1.2 亿名，而中国整体网民数量也不超过 8 亿名。

流量是今日头条赖以生存的根本。为了扩大内容源，今日头条推出了头条号。

不断加码的扶持计划，让今日头条迅速聚拢大量创作者。2015 年推出"千人万元"计划和内容创业孵化器，到了 2016 年头条号总数就从 3 万条迅速涨到 30 万条，翻了 10 倍；2016 年砸 10 亿元扶持短视频创作者，今日头条成为仅次于快手的第二大短视频软件。随着头条号生态的繁荣，很多追着骂头条"小偷"的媒体，开始主动在头条分发内容，某种意义上来说是被"自动收编"。至 2018 年，今日头条在全球共拥有 1 亿多名创作者，已经变成了"全球创作与交流平台"。

寻找新流量是一方面，更重要的是激活现有流量。

2016 年 5 月，今日头条上的视频消费总时长已经超过了图文。张一鸣当即决定在短视频上押上全部筹码。

2017 年 6 月，头条视频更名为西瓜视频。同时抖音开始有燎原之势，今日头条的短视频矩阵逐渐清晰。从内容上看，西瓜视频对标秒拍，火山小视频对标快手，抖音对标美拍。

西瓜视频出来没多久，头条问答就变成了悟空问答。再到后面，陆续有今日头条旗下的新产品爆出，比如专注汽车的懂车帝、专注财经的钠镁股票、美妆平台泡芙社区等。

喜马拉雅：音频的百货店

余建军是喜马拉雅 FM 创始人，为了说服投资者，为了让这个平台为人所知，他需要不断抛头露面，来阐释他的愿景。

某次演讲，余建军穿了一件文化衫，上面写了两个字：孤独。

创业者注定是孤独的。

人们喜欢用"红海"指代现存的行业和市场，用"蓝海"指代当今还不存在的产业，就是未知的市场空间。

当创业者以敏锐的洞察力发现一片"蓝海"的时候，愿意追随的人并不多。

话说回来了，如果一个项目、计划人人叫好，那还叫"蓝海"吗？

这个时候，质疑者有之，嘲笑者有之，甚至谩骂者也不乏其人。说服、打动人们成了追随者的难度，并不亚于煮一锅镯子汤。

余建军坚信一点：移动音频节目具有陪伴功能，比如开车、做家务、闭目养神的时候，都可以收听。这种接收信息的形式具有无可替代的优势，可以帮助人们充分利用好每天的碎片时间。未来会出现一个音频 App 巨头，其规模能够比肩优酷、爱奇艺。然而，当时几乎没哪个投资人相信他。有人劝他："别做梦了，你看收音机市场是电视的几分之一？"

余建军怎么阐释喜马拉雅的愿景呢？一句话解释就是"声音的百货商店"，当面对投资人，他会解释成"声音的淘宝"。

你知道喜马拉雅后面为什么要加个"FM"吗？FM 是调频收音机的意思，名字用"FM"也并不是要去对标电台，余建军内心还是挺抗拒这个小尾巴的。然而，不加"FM"的话，又要重新去教育新用户来了解这个产品。

所有这一切但都遵循一条原理：愿景的画面感的呈现。虽然不一定准确，但能让受众"秒懂"。

"阅后即焚"的匿名效应

互联网具有一种"匿名效应"，面对屏幕的时候，我们有种匿名的感觉，因为我们知道屏幕背后只是一台机器而已。

从积极的一面说，人对着屏幕说话会比对着人说话会更诚实。很多人在网络论坛上面比在生活中更坦诚，即使这个论坛也是公开的。人们面对屏幕的倾诉，会有种面对"树洞"倾诉的错觉。

Snapchat 的创始人是一个"90 后"，叫埃文·斯皮格尔（Evan Spiegel），他是让马化腾最紧张的一个年轻创业者。

2011 年 9 月，Snapchat 在斯皮格尔父亲的卧室中正式上线，国内翻译为"阅后即焚"，这是一个图片沟通的工具。当时，他们还是斯坦福大学的两位在校生，并未引起任何媒体的关注。

Snapchat 可以说是一个把单点做到极致的产品，是可以绝杀庞然大物的杀手级应用。

Snapchat 最早是在斯坦福大学产品设计的一个班级作业中提出的项目，2011 年 4 月由埃文·斯皮格尔在产品设计课上介绍了其最终方案的创意。利用该应用程序，用户可以拍照、录制视频、添加文字和图画，并将他们发送到自己在该应用上好友列表里的好友。其最主要的功能是所有照片都有一个 1~10 秒的生命期，用户拍完照片发送给好友后，这些照片会根据用户预先设定的时间按时自动销毁。

斯皮格尔创办的公司市值已经超过 100 亿美元，他的个人资产也达到 15 亿美元。斯皮格尔成为世界上最年轻的亿万富翁时，才 23 岁。他能够成为最年轻的亿万富翁，靠的就是这种产品点杀。

谁也没想到，"阅后即焚"这个单点功能竟然能价值百亿美元。

马化腾是最早看上 Snapchat 的人，想投资，被拒绝。腾讯公司向其开出一份价值 30 亿美元至 40 亿美元的收购要约，斯皮格尔嫌价格太低而拒绝。随后，扎克伯格提出价值 35 亿美元的全现金收购要约同样遭拒。但是，埃文·斯皮格尔拿着 Facebook 的收购要约单找到谷歌，谷歌给出价值 40 亿美元的收购方案。

不过最终，斯皮格尔选择了继续等待。值得一提的是，扎克伯格曾飞往洛杉矶跟斯皮格尔会面，并现场演示了 Facebook 的新产品 Poke——同样可以销毁所分享照片的移动应用，以此表明收购的强硬态度。但是，这场战役在 Poke 上线三天后就决出胜负——Snapchat 稳居苹果手机应用商店下载榜的首位，而 Poke 则跌出前 30 名。

为什么斯皮格尔拒绝了收购？因为斯皮格尔找到了一个用户痛点。把一个点往死里做，对用户的痛点做深度的洞察和挖掘，就可以让别人无法超越。

Snapchat 在有的地方被称为"性短信"。斯皮格尔一个颠覆性的微创新就是图片在极短时间后自动删除，而且无法截屏。这解决了用户的后顾之忧，不用担心在未来有大的风险。

Snapchat 早期的最痛点人群是高中生。据当时的数据显示，Snapchat 的使用高峰时间为上午 9 点到下午 3 点，这正好是学生的上课时间。美国一些高中禁止学生上课使用 Facebook，因此 Snapchat 迅速风靡。学生们在上课时可以愉快地互相发送图片，而且不会留下证据。

Snapchat 的另一个深度痛点人群是女性，Snapchat 的女性用户大约占到总使用人数的七成。一个原因是女性爱自拍，这在全球都是普遍现象。另外，阅后即焚显著降低了女性自拍上传的心理压力，因为不会被反复观看、评头论足。

更重要的是，使用者的好奇心被无限扩张，一旦玩起来黏性很大。现在每天的照片和视频发送量为 4 亿次，接近 Facebook 和 Instagram 每天照片上传量的总和。它带动了一个新的分支行业：Snapchat 的社交网络。Facebook 和 Twitter 都推出了阅后即焚功能，但是并没有真正冲击到 Snapchat。为什么？因为斯皮格尔在阅后即焚这个点上做得太极致了。最重要的是，他把熟人之间这种爆料性沟通做得痛点太大、太有黏性。

Snapchat 随后推出了阅后即焚的广告功能，而且不便宜，75 万美元一天。虽然广告 10 秒就消失了，但还会有人趋之若鹜，因为 Snapchat 的月活跃用户已经突破了 1 亿人。

Snapchat 还推出了一个支付功能，使用起来很简单，找到一个人的 Snapchat 账号，输入"30 美元"，点击"发送"，就成功了。你可以买小礼品，也可以买美女照片。据说，这个功能很快被美国的脱衣舞娘发掘并利用。对用户而言，一对一的聊天更鲜活，阅后即焚的特点也保证了历史记录里不会留下任何痕迹。

2015 年 9 月，Snapchat 进行版本升级后推出多个功能，包括付费观看已经消失的内容。用户只要支付 0.99 美元，就能够观看三个已经"焚掉"的好友的照片、视频等等。这种"付费重放"是公司在软件内推出的第一个付费功能，也是其第一次推出软件内的营收模式。

此前 Snapchat 已经推出一个新闻内容聚合门户，并在新闻中植入移动广告。由于在好友聊天过程中插入广告并不现实，所以这一手机客户端的迷你门户将成为广告收入主要来源。

另一个广告产品是在"故事"功能（用户发送的多个内容构成一个"故事"）中插入原生广告和视频广告。据专家估计，2015 年该公司可能获 5000 万美元的广告收入。另外，此次新增加的"付费重放"功能，也将带来另一个非广告收入。

埃文·斯皮格尔在谈到营收模式时表示，未来将会开发出一些很酷的"点"，吸引用户付费使用。

05

裂变式

第 5 章

裂变路径

　　得益于互联网技术，人与人之间建立联结的成本大为降低，这就是人们所说的"社交红利"。由于社交红利，一批让人"看不懂"的互联网新物种崛起了。过去的一切产品形态，只要加入"社交"这个属性，就会产生质的飞跃。

　　有一个名叫"钟薛高"的网红品牌，致力于打造中国式冰激凌产品，你只要去天猫看一下销售数据，就知道其火爆程度令人咋舌。

　　"钟薛高"创始人林盛认为，把"钟薛高"称为网红品牌并不是不可以。"引爆"可以作为品牌的第一阶段目标，但真正需要的是培养消费者形成一种习惯。

　　网络流量与传统媒体获得流量并无本质的不同，但其模式又有所不同。互联网时代的品牌传播并不需要对所有人讲同样的话，你可以找到最重要的一部分消费者，去做最重要的几件事情，进而影响更多人。

以有趣内容占领社交媒体

Blendtec 是美国一家搅拌机制造公司，由汤姆·迪克森创立于 1975 年，总部位于犹他州奥勒姆。其生产的搅拌机就是可以用来搅拌蔬菜水果什么的，这家公司并不大，也没什么预算做广告。

汤姆·迪克森一直认为他们的产品质量很好，就是消费者不知道他们。即便知道他们，也不敢下订单，毕竟在哪儿都没听过这个产品。

汤姆·迪克森怀揣着 50 美金的预算开始制作视频，来给他的搅拌机增加知名度和品牌度。这种产品看起来挺烦闷的，但是迪克森想到了个很好的点子来证明他的产品质量很好。他把那些非常规的东西放到他的搅拌机里，从而测试搅拌机的强度。

迪克森从 2006 年的秋天开始创建这些视频，他建了一个配套的小网站，并发邮件给所有的员工告知他们这些视频和这个网站的存在。

苹果系列产品几乎无一幸免，从各代 iphone 到 ipad 都被这台机器虐过，还有各种流行的手机、电脑配件、生活用品，总之能想到的热门产品统统被迪克森带进过实验室。其中最火的就是 iphone 系列，在这个系列中 iphone 4S 被搅拌成渣的视频曾在网上被疯传。

于是，Blendtec 就以系列广告 "Will It Blend？" 的病毒式行销而闻名了。他一开始制作的 5 部视频的成本从 50 美元到 100 美元不等。这也证明了社交媒体营销可以在非常紧的预算下完成。

这些视频有累计 2 亿次的观看量，这还不包括其他渠道的观看数量。人们对这个搅拌机价值过目难忘。但它的预算惊人的低。后来，由于效果反响很不错，这家公司就增加了预算，安排了全职的视频制作人和网站管理员。

迪克森建议那些想要通过社交媒体做营销的公司集中注意力在一些有趣的东西上，而不要硬来，并且视频本身必须是值得一看的。他的第二个建议是清楚地展示产品。对于搅拌机，一开始是品牌，但知名度已经建立起来之后，必须让观众感觉到这个产品可以解决他们的问题。当一个消费者看到搅拌器能够把一个草耙子的把柄切成碎片时，他们很可能认为这个搅拌器也能很好地搅碎冰块。

作为内容营销的结果，这个品牌搅拌机销量大幅上升了。

粉丝数量通常是一个虚荣指标

没有促活、留存和转化，拉新再多也没意义，粉丝数量就是一个虚荣指标。

在所有大宗商品里，价值最容易被低估的就是一种名叫"注意力"的商品。是的，注意力也是一种商品。

网络营销，就其本质而言就是一种注意力炼金术。如何将注意力转化为购买才是真章。注意力是商家炼金的最重要原料。

在淘宝上开店虽然不要钱，但你只能在淘宝上购买注意力，才能有客流。比如，购买淘宝的"首焦"之类的广告位置，就能实现"导流"。各大网络平台对注意力的管理，已经可以像自来水一样收放自如。比如，通过分流、限流手段量化分配。

尽管注意力这种资源价值堪比黄金，却没有人可以彻底垄断。自媒体、商家也各显其能，使出了各种新的手段，利用人的本能冲动、直觉、非理性来攫取注意力，收获"流量红利"。

有一位开公司的朋友和我说："网络营销都是骗人的玩意儿。我花了几万元钱圈了几万个粉丝，结果这些人，领了奖品后再也没有任何互动了。"

原来，这位朋友照书上所说，按图索骥，在产品包装上打上微信、微博的二维码，鼓励顾客关注扫码抽奖。抽完以后，有的顾客直接"取关"了，那些尚未"取关"的"粉丝"基本在假装睡觉。

我再看他的微信公众号，除了产品活动公告，就是不知从哪儿拷贝过来的"心灵老鸭汤"。从最后发布的一篇公众号文章的时间来推断，这个公众号已经停止更新很久了。

相信很多做社群营销的企业，都在面临同样的境遇。因为别人的社群营销成功了，于是自己也要上。结果是，轰轰烈烈开头，意兴阑珊结尾。

产品自身不理想，内容又不够吸引人，就算粉丝不是"僵尸粉"，也难以形成"二次传播"。

冷启动，实在不行就烧钱

在互联网行业，常把一个没内容，也没用户的项目的开始叫作"冷启动"。例如，App 冷启动就是从 0 用户开始积累用户的过程。

1998 年，PayPal（贝宝）创立。PayPal 的冷启动最初是从 24 人开始的。

通过向注册成功者支付 20 美元的奖励，获得每日 7% 的增长率，每 10 天就能实现用户翻一番。后来，蒂尔和他的团队又将奖励金额降低，每个新注册用户奖励 10 美元，正是用这种方式，早期用户如同滚雪球般壮大。

正是靠着这种"烧钱"的方法，PayPal 吸引到了第一批种子用户，并快速超越了竞争对手 eBay。烧钱扩张的模式，正是 PayPal 的首创。

烧钱，虽然是最简单、高效的模式，但并不是所有的企业都烧得起。我们需要发现相对低成本的"拉新"之道。

PayPal 创立于 1998 年 12 月。当年 9 月，亚洲金融风暴、卢布危机持续发酵，旧经济无法应对全球化带来的挑战，互联网受到狂热追捧。在硅谷，每周都有数十家网络公司开业。

这年秋天，蒂尔在斯坦福大学做演讲，在伊利诺伊大学刚毕业的程序员列夫琴找到他，推销自己的加密技术。蒂尔喜欢这个创意，两人决定做掌上电脑加密支付生意。

他们找来各自的朋友合伙创业。蒂尔的大学好友霍夫曼担任董事，另一名大学同学萨克斯出任首席运营官。诺塞克也加入了 PayPal。

蒂尔等人并不是唯一做电子支付的公司。整个 20 世纪 90 年代，很多美国企业家在这一领域做出了尝试，均告失败。

就在马斯克遇见蒂尔的两天前的晚上，他还去斯坦福的操场，参加一家名为"电子现金"的公司的散伙饭。

初创的 PayPal 处境艰难。他们的第一个产品是掌上电脑转账系统，无人问津。相比稀罕的掌上电脑，他们不得不开发电子邮件支付系统。但 PayPal 的用户增长缓慢，难以为继。

接下来 PayPal 选择了与 X.com 合并！这就迎来了另一位大神级的人物——埃隆·马斯克。

雷军在总结阿里巴巴成功经验的时候曾经说过，要找到一个巨大的市场，聚集最优秀的人，融到花不完的钱，然后拼命往前冲。

所谓"花不完的钱"，就是要做好烧钱做启动破冰的准备。这是因为种子用户的获得，用户口碑的传播，都需要一个从无到有的过程。

爆点就在肉眼看不到的地方

爱彼迎（Airbnb）是一家民宿中介网站，它的创始人是两位学设计的失业大学生。Airbnb 是 "Airbed and Breakfast"

（充气床垫和早餐）的缩写，中文名译作爱彼迎。该公司成立于 2008 年，由布莱恩·切斯基等人创立，总部设在美国加州旧金山市。

2015 年 7 月，爱彼迎估值上升至 255 亿美元，折合人民币 1000 多亿元，仅次于美国优步和中国小米。

爱彼迎的成功，用"事后诸葛亮"的眼光分析，可以总结出 100 条经验。在我看来，最重要的有三点：

第一，这个商业模式看起来太"愚蠢"了，以至一般人都不会去正眼瞧这个领域，所以也不会发现那个爆点。

第二，创业者太穷了，顾不了太多，所以才想到分租自己的房屋做旅馆的主意。于是就打开了新世界的大门。

第三，也是最重要的，创始人是专业设计师背景。

爱彼迎的创始人布莱恩·切斯基和乔·杰比亚是美国一所设计学院的校友，学的是工业设计专业。大学毕业后，这俩穷哥们儿从洛杉矶失业后搬到了旧金山。这个时候，两个人已经只能靠信用卡借贷度日。刚到旧金山的第一个周末，他们留意到美国工业设计师协会在这座城市召开会议。

为了赚取房租，两个人从衣橱里拉出三张充气式床垫出租给前来参加预售设计交易会的人，并许诺提供一顿早餐。因为懂得视觉传达的艺术，所以更能招徕顾客。

他们在花费两个小时搭建好的简易网站上张贴招租公告，上传地板上摆放的三张空气床垫的照片，并发布供应家庭自制早餐服务的承诺。由于当时酒店房间供不应求，很快就有三个租客找上门来，每位租客都支付了 80 美金的住宿费。

从此，他们一发不可收。

爱彼迎创立之初，在用户数量停滞不增时，两位设计师没有进行任何数据分析就飞到纽约为户主拍摄精美照片，进而在一周内使利润翻倍。

如你所知，后来这对破产兄弟就像开了挂一样，开始飞黄腾达。

这家公司有了钱后，更是将视觉传达这一强项发挥到了极致，甚至雇用了 2000 多人的专业摄影师团队，来实现网站内容的视觉冲击力。

2008 年 3 月，民主党全国委员会在丹佛举行，预计有

8万人要来，而在丹佛总共才27000个房间，他们看中这是个巨大机会。因为知道需要一些媒体报道才能同时得到房东和租客，所以他们联系了美国有线电视新闻网（CNN）和纽约时报（NYT），说明爱彼迎正在做的事，而他们得到的回答却是"绝对不可能，人们不愿意睡在别人的床上"。

在联系当地报纸被嗤之以鼻后，他们开始找本地的小博客主，进行有偿的报道。这样，人们就会看到一个关于爱彼迎的故事，看到本地的博客是如何评价爱彼迎的。

这个创意在互联网上引发了一定的关注。一周后，他们开始陆续收到来自世界各地的人们的电子邮件，包括布宜诺斯艾利斯、伦敦和日本。有的来信者询问何时能在世界其他热门旅游地设点，以让游客享受这样的服务。

最终，他们在这次大会期间获得80个预订，这俩破产兄弟隐隐约约感觉到，这是一种可以赚大钱的商业模式。

于是他们开始拉拢工程师朋友内森·布莱卡斯亚克"下水"。理科生内森说："你们要做早餐麦圈？脑子进水了吧！"但还是经不住两位好友的软磨硬泡，正式入伙了。

2008年8月，他们首次推出了名为 Airbed and Breakfast.

com 的网站，创建了一个点对点式向旅游者提供房屋的在线租赁平台。布莱恩·切斯基自然而然地担当了领导者的角色，乔·杰比亚专做设计，内森·布莱卡斯亚克负责技术。

爱彼迎的初衷非常简单，就是让租客能够找到地方住，而不是住进旅馆酒店里。其商业模式十分清晰：有空房子的人在网站上发布自家的空房信息，让那些不想找酒店住的租客上网查找合适的食宿，进行在线付费和实地入住交易。

然而，多位创业导师、投资人都对这个创意持有怀疑态度，因为它看起来相当"愚蠢"。

让人们放弃酒店和旅馆住到一个陌生人家中，是不是疯了？这些不接地气的专家认为，大多数人不愿意让陌生人住进自己家里，安全问题和隐私问题足以令人望而却步。

然而，这种新奇的旅游住宿方式，在社交网络和公司互联网营销的双重推动下逐渐被认可且盛行起来。

"YC 创业营"是硅谷一家著名的创业孵化器，采取一年冬夏两次批量投资的方式大规模生产创业公司。

2009年春天，三位联合创始人被YC创业营的灵魂人物——保罗·格雷厄姆相中，获得了60万美元的种子轮投资，成为YC孵化2009年冬季营的一员。

2010年，爱彼迎完成了160万个租赁交易业务。在2010年里，该公司的收入每周都会翻几番。三位创始人意识到，他们专注于用户体验的努力终于收到了成效。

2011年5月，订单总量突破200万份，不久后他们将网站的名称缩短为"Airbnb"，并从提供共享出租房空间，拓展到出租所有别墅、公寓、城堡、游船、树屋等各种类型的房产。

在2011年底，公司推出拥有11种语言版本的App，主攻国际市场，先后在巴塞罗那、柏林、汉堡、哥本哈根及米兰、圣保罗开辟了办公处，订单总量增长了2.5倍，上升至500万份。

2012年6月，全球总订单量达到了1000万份，每2秒钟就有一个房间被租客预订，且在伦敦奥运会来临之际成功收购了英国一家竞争对手。

2013年，公司推出一项更加惊人的业务：租赁整个村庄，甚至一个国家。租客如果肯花 6.5 万美元，就可以租到奥地利某个美丽村庄住上一晚；如果肯出 5 万美元，就能够租到德国的某个酒庄并与当地居民共度良宵；甚至可以租下整个国家，享受仿佛就是为你一个人而准备的服务。

2015 年 12 月，《华尔街日报》获得的融资路演文件显示，该公司目前的订单收入达到 22 亿美元，是一年前的两倍，第三季度的营收为 3.4 亿美元。

如今的爱彼迎，被《时代周刊》称为"住房中的eBay"。

让我们来看一看爱彼迎这个案例，看看它的两位创始人为提高他们的"北极星指标"，即客房预订量，是如何决定开展一项试验的。

首先，他们通过查阅数据寻找预订量比较低迷的市场。令他们惊讶的是，他们发现纽约市的预订量竟然不达标。纽约可是个十分重要的旅行目的地。于是他们和早期投资人——"YC 创业营"的保罗·格雷厄姆一起深入分析预订量低迷的原因。

联合创始人乔·杰比亚回忆说，他在浏览纽约的房源时发现，"照片拍得太糟糕了，都是手机拍摄的，而且画质像发在 Craigslist（克雷格列表）上的照片一样糟糕。没想到，预订量低是因为人们看不清这些房子的情况"。

保罗·格雷厄姆向两位创始人建议了一个技术含量低，且比较耗费精力的方法，不过这个方法可以马上执行而且效果立竿见影。两位创始人结束了和保罗·格雷厄姆的会议之后，就马上预订了去纽约的航班。

乔·杰比亚和联合创始人布莱恩·切斯基租了一台价值 5000 美元的相机，挨家挨户地去拍摄公寓的照片。之后，他们对比了他们拍摄过的公寓和其他纽约公寓的预订量，发现新的照片带来了高于其他公寓两三倍的预订量，他们在纽约市的收入也立刻翻了一番。

照片质量会影响预订量的假设被证实之后，他们马上将拍摄高质量照片的做法，推广到其他预订量低迷的城市：巴黎、伦敦、温哥华和迈阿密。这一做法在每一个城市都取得了出色的效果。于是，为提高整体预订量，爱彼迎决定推出一个摄影计划，使房东可以预约专业摄影师上门拍摄房子的照片。

2010 年夏天，Airbnb 推出了这个计划，招募了 20 位摄影师，之后又有超过 2000 名自由职业摄影师加入。到 2012 年，他们已经在六大洲拍摄了 13000 套房子的照片。

这么做成本低吗？当然不低，但是这使 Airbnb 在全球范围内的预订量增加了 2.5 倍。当然，如今的爱彼迎不乏投资者，截至 2015 年年底，该公司已经完成六轮融资。

爱彼迎的联合创始人兼首席执行官布莱恩·切斯基撰文回忆称，2008 年公司初创时，曾希望以 150 万美元的估值融资 15 万美元，也就是说，15 万美元即可拥有该公司 10% 的股权。

现在看来，简直是世界上最划算的事情，但在当时，多名投资人拒绝了他的融资计划。

爱彼迎是如何以点带面的？

爱彼迎采取的是以"美学"为爆点的策略，其有效地把自身与竞争对手区分开，也推动其由"玩票式"的沙发客型公司向一个线上旅行住宿公司转变。

　　爱彼迎把名字缩短为"Airbnb"之后，三位创始人维持了好几个月的只有 200 美元营收的状态，而且网站用户数也没有明显增长。随着公司的发展，爱彼迎开始筹措乔迁新居。在寻找一手房源的过程中他们发现，2009 年夏天的成交情况并不可观。

　　于是，布莱恩·切斯基和乔·杰比亚着手调研此事。他们四处飞行，总共在 24 家不同的屋主那里订房体验，试图找出问题根源：许多房主并不懂得如何写出诱人的文案，以及拍摄出让人有入住欲望的照片。

　　于是，他们着手改进了这一点。切斯基说："这事一点也不奇怪，没有人会为不知道买到什么玩意儿而付钱。一般网站的做法是给用户群发邮件，教会他们如何去拍照，并给他们评估打分。"

　　但两个设计师出身的创始人反其道而行之，采用了一种看似低效、实则奏效的方式。他们亲自为招租者的房屋拍摄照片，这些精心拍摄的照片对住客有着很强的吸引力，拍过照片的房间预订量上升了两三倍，月底时当地的收入整整增加了一倍。

一些项目的冷启动，带有双边启动的特征，需要供需双方都有足够的参与度才能同时启动，任何一方的参与度不够，均无法形成稳定的有效发展，参与用户均会流失。所以，专业的摄影服务，成为爱彼迎成功的一个关键点。而这一做法也很快被复制到了巴黎、伦敦、迈阿密等地。布莱恩·切斯基逐渐意识到用户们的其他需求：人们不仅想要一个简陋的床垫和早餐，人们更喜欢漂亮的房子。

这两位有着设计专业背景的创始人认为，房间是公司的核心产品，对产品进行包装是理所应当的。当时爱彼迎的对手是美国最火的网站克雷格列表（Craigslist），这家竞争对手以界面简单粗糙而闻名，但因其很好地满足了用户需求，所以一直是二手交易市场的老大。

爱彼迎的创始人发挥自身特长，把美学主张打造成自己的竞争壁垒。

2011 年 10 月，爱彼迎的官方总部宣布其免费摄影服务正式开通，那时公司已拥有了 1000 名摄影师，跨越六大洲。到 2012 年，已经有 2000 余位自由摄影师受雇于爱彼迎，在六大洲拍摄了超过 13000 间房屋。

在亲赴现场拍摄的过程中，公司也得以从线下接触到典型用户，为日后产品的发展打下了稳固基础。

爱彼迎称，相比那些非专业的摄影师，大家更喜欢专业摄影师，后者比前者相比平均每天被邀请的次数要多 2.5 次，平均每月能为公司带来 1025 美元的收入。作为公司的一个小业务，摄影服务有自己的平台，有 6 个内部固定成员及质控系统，在世界上任何地方，客户都可以提出意见或者建议。

现在，爱彼迎网站的房间照片都拍得非常棒，要知道其他网站上的照片都是很差劲，而且挺模糊的。这意味着人们会更愿意到该网站上订房间，虽然只有一点点不同，却能让它和同行拉开差距。

2012 年，该公司招募了更多员工，布莱恩·切斯基构建团队的原则就是要为用户提供完美、顺畅的体验。他找来皮克斯动画的设计师，围绕户主和租客开发了"爱彼迎理想之旅"的插图，其中包括"浏览最佳场所""结账退房""如何迎客"，等等。此外，该公司还按照租房的不同阶段来规划团队，以提供最佳体验。

布莱恩·切斯基至今还过着四处为家的流浪生活，还要求团队每一位成员必须以普通租客的身份，频繁地深入体验和使用爱彼迎所提供的种种业务。

只有实实在在地亲身体验，才能有更多发现和花更多心思打造网站提升业务，从更多层面和角度，延伸并创造商业模式的新领域和新价值。

在 2010 年，布莱恩·切斯基连续 9 个月通过爱彼迎订到各种房间，为的就是实实在在地了解租客需求，每隔几天就更换一个住处。对此，他的解释是："你可以认为我是一个流浪汉，也可以认为我在旧金山有 650 个家。"出生于 1981 年的布莱恩·切斯基，因此被冠以"流浪的 CEO""首席流浪官"和"史上最牛流浪客"等称谓。或许，布莱恩·切斯基永远不会忘记，如今身家亿万美元的自己，当年只是一个连房租都交不起的破产毕业生。

"你必须相信，最好的体验能给你带来最好的收入，"爱彼迎的产品主管约瑟夫·德说，"如果在各个方面都能考虑到用户体验，那么就会给你带来很多好处。"

这里提到的"各个方面"最先包括在内的就是资金。

为了实现完美体验，爱彼迎需要摄影师去拍摄大量用户的房间，也需要给公司的高级技术人员支付薪水，这笔巨额开销使公司每年"烧掉"的钱大约有 1 亿美元。

爱彼迎并非要完全替代传统酒店，事实上，它要打造一种完全不同的旅行体验。它让旅行变得更接地气，你可以住在别人家里，甚至和他们交朋友。更重要的是，每个房间都是个性化的，而不是传统酒店的千篇一律。

相对于传统酒店而言，爱彼迎主要有如下不同的体验。

1. 改变了临时居住空间的组织形式

爱彼迎将每个人家中闲置的房间变成客房，却不需要负担传统酒店承担的任何职责，只是充当住客与房东的中间人。爱彼迎将分散的资源聚合在一起，不用花费任何成本就可以收取中介费用。

爱彼迎所打造的市场比传统酒店业更有弹性，房源数量受市场调节，具备动态的适应能力。正是因为这些特点，它成为 2016 年里约奥运会的官方合作伙伴，在会议期间为游客提供住宿。

2. 改变了接触住客的方式

爱彼迎只是一个信息平台，供房东与住客交换信息。它要做的只是通过更好的算法与反馈机制，来帮助住客进行信息的筛选。

住客可以通过该系统主动地寻找住房。它利用房间提供方的轻资产化，并减少接触到房间需求方的中间环节，将传统酒店模式中的冗余成本削减，在降低平均房价的同时还能够赚取中介费，进而通过规模效益将中介费累积成巨额利润。

它在这个过程中只需要追加少量的成本投入，包括购置服务器和雇用少量人员，就能够实现扩张与利润的持续增加，而这些利润又可以投入软件与系统的升级，进入良性循环，在竞争中形成垄断地位。

3. 人文价值，实现溢价

由于爱彼迎的利润全部来自中介费用，向租客收取6%—12%的服务费，向房东收取3%的服务费，这就意味着每间房屋能够出租的价格直接决定了公司收入。而对于其平台上的民宿来说，除了提升服务品质外，获取高溢价的最佳的方式就是创造出美的差异化。

所以，爱彼迎在不断促使房源向着本地化的、个性化的、富有人文气息的非廉价住房转型。它们的价格跟当地的经济型酒店相差无几或者略高一点，但是主打有设计感的当地体验。如此一来，经济型酒店在舒适的民宅和人文化体验面前，完全丧失吸引力。

这些都表明爱彼迎试图通过本地化来与传统酒店业的标准化竞争，通过为每一处民宿注入人文价值来实现更高的溢价。

如今，公司官网依照"价格实惠""居家体验""特色奇居""融入当地"将房屋分成了四类产品，其中后三种都是通过一定手段来实现"价格昂贵"。

搜索"爱彼迎"，你会看到人们对其有不同的定位。有的说它是一个旅行房屋租赁社区，用户可通过网络或手机应用程序发布、搜索度假房屋租赁信息并完成在线预定程序。有的说它是一家联系旅游人士和家有空房出租的房主的服务型网站，它可以为用户提供各式各样的住宿信息。有的说它重塑了酒店行业，让出行者可以从个人手中租住一间房屋，而不是从一家酒店中租住。

但是，谁又能忽视它是基于社交网络这一事实呢？

"无论您想在公寓里住一个晚上，或在城堡里待一个星期，又或在别墅住上一个月，您都能以任何价位享受到 Airbnb 在全球 190 个国家的 34000 多个城市为您带来的独一无二的住宿体验。"爱彼迎在官网"关于我们"的页面写着上述这句话。

公司本身有一套打通房东和租客之间原本信息不对称的机制，用技术手段去掉了酒店业最重的租赁地产、管理和推广酒店品牌以及工作人员的雇佣成本，让他们得以毫不费力地扩张到世界各地。同时，注重设计、个性化和体验的做法又刚好切合了近几年个人旅行的潮流。

创始人简化了网站支付流程，租客只需输入一个信用卡卡号，户主就可以自动收到房费。另外，只需一个按键，房主就能预约一个免费的专业摄影师上门拍摄他们的房间照片，并上传到他们在爱彼迎的资料之中。

杜克大学的经济学教授迈克尔·芒格也是一名"共享经济"专家，他表示运营的改进和优化会帮助爱彼迎领先于其他同类公司，因为它会变得更加时尚、体面，而且非常安全，并值得信赖。

爱彼迎自诞生以来就被看作一家怪咖公司，在发展壮大中也不断加入各种稀奇古怪的元素。

2014 年，爱彼迎向用户推出了以房屋为中心的周边游景点，向人们表示这家提供短租房源的公司，正在试水涉足旅游服务业务。

事实上，目的地周边游，只是爱彼迎"旅游发现"战略的第一步。爱彼迎的目标，是要帮助用户解决旅游目的地选择和旅行计划问题。

住宿是旅游中很核心的部分，但还不是用户的决策上游。只有把目的地游玩资源整合进住宿体验，先帮助用户决定去哪儿玩、玩什么，然后再来谈住宿问题，这才是爱彼迎试图打开的场景。

爱彼迎收购了多地行程规划服务 Vamo，并于旧金山试行行程定制服务 Journeys，让用户在当地人（爱彼迎户主）的推荐和指导下体验一个新的城市。公司还邀请了一小批用户根据自己的兴趣选择 3—5 天定制行程。

2015 年，爱彼迎上线了一个新板块"爱彼迎游历"（Airbnb Experiences），这意味着该公司不再只是提供住宿服务，你还可以用它来规划整个旅游行程。

"爱彼迎游历"是一个用户众包的服务，在该板块的描述中如此写道：事实上也是，回头看看我们去过的地方，有多少只是在人山人海的风景区拍照发朋友圈，追寻攻略手册上看起来热闹但并不地道的餐馆。

爱彼迎的用户们一直在尝试用新的方式来创造更有意义的住宿体验，这也是他们为什么一直那么注重交流的原因。可见，爱彼迎正在朝着打造"本地化旅游指南"的方向前进，这也许会是下一个旅行出游关注的热点。

执行力比数据指标重要

爱彼迎创建公司的时候，布莱恩·切斯基和乔·杰比亚的信用卡总共有 30000 美元的信用额度。

哥儿俩的生意在民主党全国委员会赚了一小笔钱后，便进入漫长的停滞期。那时他们负债累累，又遭到所有投资人的拒绝，简直举步维艰。

2008 年 11 月，两位创始人为生活所迫不得不自力更生，为了维持生计也为了让公司运转下去，他们想出售卖总统选举主题的早餐麦片这一主意。

布莱恩·切斯基鼓起三寸不烂之舌，说服生产商为他们贴牌做一吨麦片，因为没钱支付，所以根据销售来拿提成。

他们重新设计了麦片的包装，编上号后，放到线下的展会去销售，每盒 40 美元，最后出乎意料地卖了价值30000 美元的麦片——这也是爱彼迎服务早期最重要的一笔资金来源。

而那些没有卖完的麦片，成了布莱恩·切斯基他们一段时间的口粮。这就是他们把"成为一个麦片企业家"作为口号的原因。

2008 年底，布莱恩·切斯基团队终于找到了一个"YC创业营"的面试机会。保罗·格雷厄姆认为"他们这个点子糟透了"。然而，他还是决定提供 20000 美元的启动资金，让这个初创团队加入孵化项目。"因为创始人们有打不死的自信，而且很有想象力。"

硅谷著名投资人弗雷德·威尔逊（Fred Wilson）也曾拒绝过该项目，原因是威尔逊不知道他们的模式能够做多大。"我相信他们能在气垫床和早餐的市场扩大规模，但我不确定他们能进入酒店市场。"

但是后来，威尔逊在谈到他所错过的伟大投资机会时提到了爱彼迎，甚至要了一盒布莱恩·切斯基制作的早餐麦片放在会议室里。每当有人说不知道如何才能获得初始创业基金的时候，他就会拿起麦片，把爱彼迎的故事告诉他们。

从 0 到 1 的发展，会碰到各种质疑。任何创业者或发明者做一件全新的事情时，必首先扪心自问："我正常吗，还是我疯了？"

实现从无到有，解决从 0 到 1，是创业者的核心能力。或许我们太关注从 1 到 n，是因为那比较容易。从 0 到 1 不但在质上不同，而且几乎总是比复制 n 次困难。

尽管爱彼迎是个数据驱动的公司，但这个团队不会轻易被数据改变。有两个事件可以说明这种企业文化。

　　第一个事件是，在创立之初用户数量停滞不增时，他们没有进行任何数据分析就飞到纽约为户主拍摄精美照片，进而在一周内使利润翻倍。

　　第二个事件是，有位设计师被分配去重新评估"星星"（保存到心愿单）这个功能，他用一天时间就找出症结所在，说"星星"图标太普通，于是把它换成了一颗心，这个改变让该功能的使用率增加了30%。

　　爱彼迎的联合创始人乔·杰比亚认为："如果你没有对数据进行大规模的反向测试，那我会不太确定数据的有效程度。它有时会误导你。我们做事情的方式是，如果我们有一个想法，我们会先确保它符合我们的文化，然后把它先在小范围内实施起来。你像一个海盗一样在一个世界中冒险，还发现了一些金矿，然后把金子带回来并告诉我们你还发现了些什么。"

　　投资界最悔恨的人，莫过于佩奇·克雷。这位名叫佩奇·克雷的投资人，曾撰文回忆他如何在2008年错失良机的。

　　他是最早接触爱彼迎团队的投资人之一，甚至有机会独投其天使轮。佩奇·克雷本人在 2007 年早期曾构思过一个叫作"最大的虚拟酒店"的项目，后来在"Airbed and Breakfast.com"的网站找到了爱彼迎创业团队的联系方式，经过六个周的艰难谈判，最终决定投 25 万美元。

但是，在这短短几周内，其他投资者全部退出谈判，他成了唯一的种子轮的参与者，不过佩奇·克雷还是选择推进这个项目。

在 9 月末，双方一致同意了条款，约定在第二天正式完成投资。但在第二天佩奇·克雷并未收到布莱恩的回复，于是便发短信问他怎么回事。布莱恩回复说，YC 孵化器希望在这一轮参与投资，而且只有 YC 会参与到这轮融资。结果，佩奇·克雷与这次良机失之交臂，痛心疾首。

自此之后，佩奇·克雷把这样一句话贴在了墙上，每天都会提醒自己记住这条教训，那就是——把焦点放在创始人身上，别太过分在意冰冷的数据。

排除在线销售眼镜的障碍点

实体店与网店相比，最大的一个优势在于可以让消费者试用产品以获得直接体验，从而决定自身的购买行为。然而随着 O2O 模式的普及，越来越多的线上商家开始提供线下服务，并设立实体售卖点分占市场份额。

Warby Parker 作为一个在线销售眼镜的网站，其关键意义在于打破行业垄断，让消费者拥有第二种选择。

Warby Parker 是于 2011 年成立的一家做眼镜在线销售的网站，由创始人尼奥·布鲁门撒尔（Neil Blumenthal）和他的三个沃顿商学院的同学安德鲁·汉特（Andrew Hunt）、杰弗瑞·瑞德（Jeffrey Raider）和戴夫·吉尔博阿（David Gilboa）共同创立。

在联合创办该公司之前，布鲁门撒尔曾在为发展中国家普及眼镜的非营利机构 Vision Spring 工作，这一工作不仅使他对眼镜市场的寡头垄断有了深入了解，也让他明白一副眼镜对近视患者的重要性。"它帮我意识到了简单的一副眼镜就能改变某个人的生活。"布鲁门撒尔说，但这份工作还让他看到了眼镜市场中不正常的一面,"眼镜成本价和售价的差距相当大"。

长期以来,美国眼镜行业都是由陆孙迪卡(Luxottica)集团所统治。2012 年,这家总部设在意大利米兰的公司,就有超过 7000 个的零售店面,在北美拥有 LensCrafters、Pearle Vision 和 Sunglass Hut 等大型眼镜连锁店,同时在亚洲和欧洲等地都有自己的零售店铺。2011 年,美国的大部分眼镜还是通过这些线下连锁店销售,仅 1% 的眼镜是通过网络的方式销售的,配一副最普通的眼镜也要 300 美元,稍微好点的更是要 600 美元以上。

这个行业需要突破,但陆孙迪卡太过强大。沃顿商学院零售中心的主管芭芭拉·科恩(Barbara Kahn)说:"去和一个如此强大的敌人对抗,将需要难以置信的创造力和才华。Warby Parker 团队具备这样的创造力和才华,在挖掘时尚文化的过程中,他们还有点石成金的能力。他们有故事,一个真正的故事。"

从网站的起源就能看出这个公司的与众不同。其官方主页显示,该公司最初的构想是"具有反叛精神,和四个好朋友合作，对抗当下那些高定价、低品位的眼镜公司。绕过传统销售渠道，直接通过网站与客户打交道，有能力提供高质量、时尚且低价的眼镜。"

这也正是它迅速蹿红的原因——打破了美国传统眼镜行业的长期垄断，大幅降低了眼镜价格，而且提供独具一格的消费体验。与传统垄断行业竞争，一个最大的挑战就是如何成功塑造自己的品牌。

传统品牌在衡量自身竞争力时一般会考虑三个要素，价格优势、产品区别和垂直市场，Warby Parker 在这三方面都做得非常出色。

首先，该公司用单副镜架 95 美元的相对低价吸引顾客，同时提供在家试戴（Home try-on）服务，即消费者可以在线选五副镜架，在家中试戴后在线下单购买并快递还回试戴的五副镜架；其次，它的眼镜质量精良，外观时尚，都是源于设计师的设计，谷歌曾选择 Warby Parker 来为 Google Glass 设计造型；最后，它还有虚拟试戴功能，消费者在网站上可以选择自己的一张照片，或网站提供的人像模型进行眼镜试戴，这样就可以直观地感受自身是否合适佩戴这副眼镜。

泰敏公司（Temin&Company）的首席执行官维亚·泰
敏（Davia Temin）指出，在家试戴将能让顾客对品牌更忠
诚。她说："这个计划的高明之处在于，他们并没有说：'你
相信我，然后我再相信你'，而是表达出了另一个想法：
'我相信你，而你也可以相信我。'"

芭芭拉·科恩说道："很多人并不知道该如何挑选眼
镜。当你走进眼镜店，上千种眼镜摆在你面前，你却不知
道哪种适合你。售货员就会'帮助'你将挑选范围缩小到
五副，但你还是不知如何是好。Warby Parker 便想出了有效
解决问题的方法——让你将这五副眼镜试戴五天，你可以
戴上眼镜照照镜子，或者给你的朋友看看，甚至上传到脸
书来征求人们的建议。"

他们有很多种类的、风格不同的眼镜，但都有相同的
特性：简单的镜框加上稍宽的边撑，再加上灰色、透明、蓝
色、酒红色等颜色，这些眼镜的名字都是偏学院风的，像
是乡村俱乐部的名字，如 Chandler、Winston 和 Beckett。他
们还用比较幽默的方式描述自己的商品，像 Linwood 这款

镜框的描述就是："简约，而并不简单。看这时尚而又圆润的造型，是湖边阅读、参加会议的明智选择。"

正是因为上述因素，公司成立第一年就卖出近 10 万副眼镜，平均每天约 280 副，这个数字对于传统的眼镜门店来说，是一个难以置信的销量。

除此之外，为了打造品牌他们还进行了一场"慈善营销"。表示希望为全球大约 10 亿面临视力问题的人口做点贡献，他们保证消费者只要买一副眼镜，就捐一副眼镜给公司首席执行官兼创始人布鲁门撒尔曾就职过的慈善机构 Vision Spring，这家慈善机构培训低收入人群进行眼科测试，同时销售价格极为低廉的眼镜产品。截至目前，他们已经捐赠出了 100 万副眼镜。布鲁门撒尔表示，当初创立这家公司的时候，他们都非常担心它的前景，所以公司发展到今天这个程度，已经超出他们想象。

但是随着销量的不断增加，创始人们很快就意识到 Home tryon 概念的短板。因为他们发现，越是设计独特的镜架被试戴的概率就越高，但是购买率很低，往往是设计普通的基础款更畅销一些。

如此一来，为了满足顾客的试戴需求，那些卖不出去的镜架也要不断加量。而这些镜架全部产自中国，采用板材（醋酸纤维脂）制造，储存一年以上就会缩水变形，导致品相难看，更加无法佩戴。为解决这一问题，这家做电商起步的公司决定采用从线上到线下的销售模式，即开设线下实体店。

2013 年 4 月，公司的第一个线下体验店也是首个官方旗舰店，开到了纽约 Soho 商业区附近，就在苹果商店的对面，并紧挨着陆孙迪卡旗下的奢侈品牌拉尔夫·劳伦。在开业三个星期中，有 4000 多人进店体验，周六甚至会有人在门口排队。布鲁门撒尔说，该店铺代表着整个未来零售业的"未知领域"，"这是电商的线下集中地，消费者还能亲自体验产品。未来五年到六年，电商概念将过时。"

在 2015 年 4 月，公司完成由 T.Rowe Price1 领投的 1 亿美元的 D 轮融资，其估值达到了 12 亿美元。公司打算利用融资所得资金拓展实体店业务，将实体店数量增加到 20 个。它现有员工 500 余人，其中大约有一半在实体店工作。

该公司的融资可谓相当顺利，在刚成立不久就拿到来自 SVAngle 和 Lerer Ventures 的 150 万美元种子基金，还有 1200 万美元的 A 轮融资。

2013 年 2 月，该公司顺利完成总计 4150 万美元 B 轮的融资。事实上，在 2013 年 9 月 Warby Parker 就已经完成了这轮融资的前 3680 万美元，当时它的目标是融资 4000 万美元，但随着美国运通和服装品牌 J.Crew 的加入，它超额完成了任务。

2013 年 12 月，完成由 Tiger Global Management 公司领投的 6000 万美元的 C 轮融资，估值 5 亿美元。

该公司自创立以来的融资总额为 1.155 亿美元，成功跻身 10 亿美元私营技术公司行列。

尽管联合创始人戴夫·吉尔博阿表示公司尚未盈利，但是营收一直在增长。除了在线商店之外，公司总共拥有和经营着 12 家实体店，分布在 9 个城市。现在，消费者需要将自己的视力情况告知 Warby Parker 并且选好镜架，它才能为消费者定制眼镜。据吉尔博阿称，公司正在研究一些新的技术，让消费者能够利用他们的手机来进行视力检测。

小红书的内容电商壁垒

小红书是一个电商平台，它把自己定位为一个生活方式平台和消费决策入口，其创始人为毛文超和瞿芳。

小红书发轫于社交媒体。一开始，用户注重于在社区里分享海外购物经验。后来，除了美妆、个护，小红书上还出现了关于运动、旅游、家居、旅行、酒店、餐馆的信息分享，触及了消费经验和生活方式的方方面面。

过去几年，包括完美日记、钟薛高、小仙炖、谷雨、Maia Active 等在内的新品牌在小红书上成长起来，回力、百雀羚、大白兔、李宁等老品牌通过小红书被更多年轻人喜爱，成为新消费品牌的代表，小红书也成为助力新消费、赋能新品牌的重要阵地。

小红书的精髓在于口碑营销。没有任何方法比真实用户口碑更能提高转化率，就像用户在淘宝上买东西前一定会去看用户评论一样。这本质上是一种原生广告，原生广告也是一种融合媒体的形式。它承诺会给消费者带来实实在在的利益，让他们享受到更为高雅和无缝连接的用户体验。它也会给其他数字营销和信息发布生态系统带来利益。如果开发且部署正确，那么，所获得的结果会是更加有效、有趣的信息，并以此带来经济利益，但这一切发生的前提是要提前投资于有效的策略、知识、协作和透明性。

"完美日记"的裂变路径

完美日记成立于 2016 年，持有者为广州逸仙电子商务有限公司。

该公司初期通过在小红书投放大量腰部 KOL、在微信运营私域流量等方式实现了现象级的销售增长，成了消费品行业的明星创业公司。

从最初的粉底液发家致富到如今 sku（最小存货单位）遍地只用了三年时间，可谓迅速。

2018 年的天猫 99 大促中，完美日记实现美妆行业销售额夺冠，其爆款小黑钻口红更是以每秒 333 套的销量，令人咋舌。当然，这样运营也需要强大的资本加持与供应链整合能力。

完美日记的流量之源主要在社交媒体上，尤其在小红书上。到 2019 年初，完美日记官方账号粉丝达到 130 万人，共获收藏点赞 80 万个。

完美日记布局小红书，从 2017 年底就开始了，投放了明星、头部 KOL、腰部 KOL、素人的笔记几乎席卷了小红书，种草爆文在小红书上不断二次传播、形成裂变式传播。

进入到完美日记的社群中，你会发现他们所有的运营模型都非常简单粗暴，就是便宜、性价比高：买一送很多东西，还有各种优惠券、第二件半价等促销手段。

拼多多的社交裂变之路

1980 年，黄峥出生在杭州的一个普通家庭，父母在当地一家工厂工作，学历都不高。但黄峥是个标准的学霸，12 岁时就进入杭州外国语学校。

1998 年，黄峥考上浙江大学竺可桢学院，就读计算机专业。在校期间，黄峥在网上发表了一篇文章，吸引了网易创始人丁磊的注意。

2001 年，黄峥还在浙大上学，一个自称网易创始人丁磊的人突然加他的 MSN。黄铮说："那天下课，回寝室上网，发现一个陌生人在 MSN 上加我说他是丁磊，正在研究一个技术问题，当时我还以为他是骗子。"

原来，丁磊辗转找到了黄峥的联系方式，是要向黄峥请教一些技术问题。

为了感谢黄峥的帮忙，丁磊给黄峥介绍了一个 82 级浙大老学长。这位后来被黄峥认为对他帮助最大的老学长，当时的资历已经不一般了，他的名字就叫段永平。

从浙大毕业后，黄峥去了美国威斯康星大学麦迪逊分校，攻读计算机硕士学位。在读硕士的黄铮和段永平住得很近，得以有机会为段永平处理一些投资事宜。2006 年，随着谷歌股价上涨，黄峥身家数百万美元，和李开复一道被派往中国拓展市场。

2007 年，黄峥辞去在谷歌的工作，开始创业。黄峥的第一个创业项目是手机电商欧酷，三年后黄峥将这家公司出售，但保留了技术团队。

从 2016 年 2 月开始，黄峥陆续在公众号中创作了 9 篇文章，记载了自己的求学创业经历，以及对商业、管理和人生的观察思考。

其中，在《把资本主义倒过来》和《市场多一点，还是计划多一点——关于供给侧改革的一点想法》两篇文章中，黄峥阐述了一种"用需求流通侧的半'计划经济'来推动实现供给侧的半'市场经济'"的理念，"资本家出钱给普通人买他的生产资本配置的确定性，形成反向的保险"。这种通过"汇聚需求反向影响供给侧"的模式，被视为是拼多多"拼团模式"的早期雏形。

拼多多这个现象成功案例背后，是一种"社交裂变"模式。拼多多就像一种病毒一样，实现用户传染式增长。

所谓社交裂变，是一种利益驱动的商业模式或营销模式，通过人与人之间的社交链，促进产品的传播和销售，达到一种"一传十、十传百"的效果。

拼多多是专注于 C2B 拼团的第三方社交电商平台，通过发起和亲朋好友的拼团，以更低的价格购买优质商品。其中，通过分享形成的社交理念，形成了拼多多独特的新社交电商思维。与其说拼多多是一个平台，不如说它是一个电商触达用户的工具。

拼多多诞生之初，很多人持嗤之以鼻的态度。然而，几年下来，拼多多的表现令人刮目相看。拼多多到底做对了什么？

很多人认为，拼多多就是第二个淘宝，因为它是阿里巴巴逐步"放弃"淘宝后崛起的。此外，两家的风格的确有诸多相似之处，比如商品价格普遍较低，而品质问题较多。虽然饱受争议，却始终在"团购"这条路上深耕，扩展出一整个"获客—留存—变现—自传播"的用户自增长模式。

但拼多多创始人黄峥认为，淘宝主要是用户自己去寻找想要的产品，也就是得搜索，但是拼多多不一样，他们是根据用户习惯进行推荐的，是和今日头条根据用户的阅读习惯来推送用户喜欢的作品类似的。将以往搜索、分类、活动的中心化营销模式变成了一种以社交链为路径的去中心化的传播。

拼多多与淘宝最本质的区别，是通过社交分享机制——拼单，来实现让买家获得议价权，进而让卖家让利，实现双赢。

再加上拼多多有腾讯这个"社交"巨无霸的流量加持，进而出现一个现象级的成功。同样是腾讯投资，京东显然没有像拼多多那样从腾讯那里借力。

06

第 6 章

社交本能

　　不论是我们的祖先，还是我们身边懵懂的孩子，抑或是我们自己，潜意识中都有一种强烈的渴望——被认同。这就是社交电商背后最重要的心理机制。

　　点赞是一种最低成本的社交认同，转发则是更高一层的社交认同。

　　Opower 是一家帮助美国居民节约能源的公司，其创始人亚历克斯·拉斯基做过一个实验，分别用不同的宣传口号倡导大家节约能源：

　　1. 每个月可以节省 54 美元。

　　2. 节能减排可以拯救我们的地球。

　　3. 你是个好公民。

4. 你的邻居在节能方面比你做得好。

请先别看答案，猜一猜哪一种宣传口号起到的效果最好？答案是第四种宣传语真正起到了作用。听过第四句宣传口号的家庭，平均比其他家庭多减少 2% 的能源消耗。这就是典型的渴望"社交认同"现象。

他人是"自我"的延伸

他人是自我概念的一种延伸。如果缺乏有意义的社会关系，我们就无法形成稳定的自我意识。人类是社会型的动物，寻求和渴望友谊是正常的事情。我们每个人都希望获得社交认同，否则就会感到恐慌。

1900 年，李施德林漱口水利用那个令人不快的调语"口臭"掀起了一股销售热潮。其结果是，李施德林漱口水现在拥有了高达 53% 的市场份额。

我们为什么会追逐时尚？从神经科学的角度来说，这是人类的镜像神经元在起作用，如果我们看到很多人穿戴同一种服饰，我们的镜像神经元就会有模仿的冲动。

　　人类大脑的雏形，大约形成于四五十万年前。有学者猜测，在 10 万年前，人类大脑中就产生了镜像神经元的雏形。因为有了镜像神经元，大脑才得以飞速进化。

　　镜像神经元会驱使你模仿他人的行为，所以，当部落中某个猿人发现了取火的方法，或者某种工具的使用方法时，这种技能将会迅速传播。

　　正因如此，人类文明才得以形成和延续。从社会心理学的角度讲，这样做的目的是希望与群体保持一致，即社交认同。

　　有人曾问一位国际礼仪专家："穿衣的金科玉律是什么？"这位专家就用简短的两个字回答：合群。别人都穿西装，只有你穿长袍，这显然是有违社交认同的原则的。

　　为了获得别人的理解、认同、接纳，我们不但要穿得合群，还要表现出幽默感、爱心、智慧、才华……

　　我们展示自己的专业能力，或是为了让异性多看自己几眼，或是真的想展示自己的才能，但不管如何，都是为了获得一定的社交认同。就算那些看上去特立独行的人，也有希望获得社交认同的时候。

有人曾回忆说："在帮派内部，最严厉的惩罚不是被杀掉，而是被开除。"

可见，人们对于被孤立的恐惧，甚至超过死亡。从进化论的角度看，人类害怕离群。在漫长的进化过程中，人们只有融入集体，才能免于被野兽吃掉。人类要生存，所以具有"群性"。

媒介是个人的延伸

麦克卢汉认为，媒介即人的延伸：文字和印刷媒介是人的视觉能力的延伸，广播是人的听觉能力的延伸，电视则是人的视觉、听觉和触觉能力的综合延伸。

1. 小道消息是生存竞争的需要

上古时代，我们的祖先以部落的形式生存，所以没有所谓的小道消息或主流声音的区分，传媒的最初形态就是口耳相传。

心理学家弗兰克·麦克安德鲁教授认为，热衷于小道消息，是人类的本能，是人类演化的产物，而非流行文化的产物。小道消息是维系群体内交流和稳定的工具，也能够促进群体稳定和繁荣。

在残酷的生存环境中，保证竞争优势的手段之一就是对同伴和敌人的信息近乎偏执的掌握，如此才能更好地获取资源，对抗未知的风险。

谈论那些有趣的八卦新闻，是人类普遍的喜好。即使只有几个人可做谈资，人们谈论的时间也不会减少。

一些土著部落群体只有十几个人，你或许会认为他们彼此间早已厌倦了。其实正相反，他们每天都会花上几个小时研究和传递信息，从来不知疲倦。

人类已经进入互联网时代，但人的本性并没有改变。

在某次电视访谈节目里，已经退位的通用电气前首席执行官杰克敞开心扉地说了许多在任时不敢说的话。其中一句是这样的：做生意，归根结底就是理解何谓竞争。要弄清楚谁才是你的竞争对手，你要近乎偏执地去打探，他到底都在搞什么，你要用什么绝招才能超越他，这就是竞争的全部内涵。

2. 社交货币

什么叫社交货币？社交货币是沃顿商学院市场营销教授乔纳·博格率先提出的一个概念，直译为"社交通货"。

我们在与其他人谈话的时候，不仅是想交流某种信息，更是想交流与自己相关的某些信息。人们的潜意识里都是想通过传达某些信息来塑造自我，使自己成为别人眼中聪明的、风趣的、理智的人。而这些聪明的、风趣的、理智的信息就能凸显一个人的独特性，这就是我们所说的"社交货币"。

谈资，即可供谈论的资料或资本，社交货币其实也可以叫作谈资。因为谈资有奖赏我们大脑的功能，所以比喻成货币也是挺合适的。

经济学家对货币的定义通常有三种：交易媒介、价值尺度以及价值储藏手段。而事实上，谈资也确实有货币的部分特点。

新鲜的资讯和稀缺的物品一样，是一种"软通货"。人与人之间的很多默契与结盟，正是靠着交换新鲜的资讯来实现的。人类非常喜欢聊八卦，是因为语言让我们可以迅速共享信息。

秘密，也是一种社交货币。有人说，只有秘密才可以交换秘密。然而，秘密一旦被分享，就不再是秘密了。调查显示，普通女性保守秘密的时间不会超过 48 小时，而男人只是稍微长一点而已。

社交就是信息的交换

《唐才子传》中有这样一则故事：一次，大诗人宋之问的外甥刘希夷作了一首诗叫《代悲白头翁》。作完诗后，刘希夷便拿给舅舅宋之问看，希望他能评说一下。宋之问拿着诗看了良久，不肯放下，原来是对其中的"年年岁岁花相似，岁岁年年人不同"这句话很喜欢。

于是，宋之问就希望外甥刘希夷把这首诗让给自己，说是自己写的。刘希夷碍不过舅舅的情面，便答应了。但没过多久，刘希夷又反悔了。宋之问为了永久霸占这首诗的署名权，最后竟把亲外甥给杀了。

要知道，在盛唐，还没有类似于保护著作权或者知识产权的制度，作品即使流传天下，也很难变现。古人写诗作词，很多时候并不是为了获取金钱，更多的是为了抒发情绪或者借此流芳百世。那么，人们为什么这么爱好名声呢？

社交货币给了我们一个解释角度。

1. 奖励比特币，不如奖励社交币

比特币作为一种虚拟资产，曾吸引了全世界的投机客。然而，比挖掘比特币还让人疯狂的是铸造社交币。比如，你写了一篇微博，1000 个人看了之后点赞、评论、转发；或者，你投资比特币赚了 1000 块钱。这两件事中哪一件更让你兴奋呢？

哈佛大学神经科学家做过实验，他们把脑扫描仪放置在被试者的脑部，然后让他们在社交媒体上分享各自感兴趣的信息，如萌宠、萌娃或体育运动。

结果发现，他们在分享个人信息时的脑电波，和他们获得钱财和食物时的脑电波活动得一样强烈。这个实验得出的结论是："自由表达和披露信息，本身就是一种内在的奖励。"

我们对社交货币的热爱已经失去了控制。我们肆无忌惮地聊着娱乐明星和其他新闻名人的八卦，甚至会谈论电视剧中的虚构人物的故事。

微信、微博在为数以亿计用户提供各种服务的时候，也提供了花样翻新的社交货币奖励。人们通过发微信朋友圈、写微博，来期待属于自己的那份社交认同。这种精神奖励带来的快感，会让用户念念不忘，并期待更多。

社交货币，其实是一种社交赏筹，抑或说部落赏筹，源自我们和他人之间的互动关系。这种奖赏的筹码，如转发量、点赞数、评论数等在适当的条件下还可变现。

人是社会化的动物，彼此依存。为了让自己被接纳、被认同、受重视、受喜爱，我们的大脑会自动调适以获得赏筹。

我们在社交媒体上发布各种内容，是因为我们能够借助它们来巩固自己的社交关系。我们在微信朋友圈发布内容，主要意图可以归纳为两个，一是"晒"，二是分享。

所谓"晒"，指的是我们通过发布信息，展示我们的生活方式、生活态度和精神面貌。一个人"晒"出来的东西，其实是他自我意识的理想状态，通常是"源于生活、高于生活"的。

假如一个人天天吃驴肉火烧，那他其实是不大愿在朋友圈发吃驴肉火烧的图片的。假如这个人某天吃了一次日本料理，那么他就很可能拍下来晒到朋友圈。

晒娃、晒猫狗、秀恩爱的人的心理是这样的——我希望通过这些信息，来展示我是一个热爱生活、健康快乐的人。由此，我们的大脑就会获得"社交型奖赏"。

2007 年，问答网站 Mahalo 问世，和以往的问答网站不同的是，Mahalo 为了鼓励用户在网站上多提问和回复，推出了自己独创的金钱激励体系。

首先，在 Mahalo 网站上的提问者需要悬赏提问，也就是提供一笔网站内发行的虚拟币作为赏金。接着，其他用户可就问题提交答案，最佳答案提交者将获得这笔赏金，并可将其兑换为现金。

Mahalo 在夏威夷方言里是"感谢"的意思。网站的创始人认为，这样的奖赏模式，有助于激发人们的参与热情，并增强网站的黏性。

此举确实奏效，Mahalo 新用户呈现爆发式增长。然而好景不长，人们的参与热情很快就冷却了下来。

尽管用户能够从这个问答网站中获得金钱，但是这种单纯的经济刺激手段似乎不具备持久的黏性。在 Mahalo 为留住用户而努力时，另一家问答网站脱颖而出。

2009 年，Facebook 前雇员查理·切沃和亚当·安捷罗成立了一家名为 Quora 的网站。Quora 这个词由 quorum 派生而来，quorum 有仲裁、法定人数等含义。

由此可以看出，从一开始，Quora 的创始人就为它设定了社交基因。我们可以理解为，一个答案好不好，不是提问者裁定，而是要大家投票决定。

Quota 作为一个社会化问答网站，融合了 Twitter 的 follow 关系、维基式的协作编辑、Digg 的用户投票等模式，很快就获得了大众的热捧。

有别于 Mahalo 的是，Quora 没有给提交答案者奖励过一分钱。那为什么人们仍会对 Quora 表现出极大的热情？

Mahalo 的创始人显然是把人视为经济动物，觉得给用户提供金钱奖励，可以增强他们与网站之间的关系。毕竟，谁不喜欢钱呢？但是，Quora 的创始人对人性有不同的理解。

人不仅是经济动物，还是社会动物。Mahalo 的创始人对于人性只猜对了一半。Mahalo 的创始人最终发现，人们访问 Quora 网站并不是为了获取金钱，而是为了获得一种叫社交货币的东西。

Mahalo 的模式触发的只是人们内心中想要获得金钱的欲望。但是这种金钱激励并不足以带动人们持续的积极性，因为收入和付出不成比例。Quora 触发的是人们内心中一种更好的体验，众人点赞、游戏升级等给人带来的愉悦感远比那点奖金更诱人。

Quora 设计者设计的投票系统可以让用户对满意的答案投出赞成票，从而建立起一套稳定的社交反馈机制。比起 Mahalo 的真实货币，Quora 的社交货币更有吸引力。

Quora 之所以能成功，是因为它准确把握了人们的心理。事实证明，人们对于社交货币的渴望要大于对真实货币的期待。

2. 社交本币

社交货币理论是内容营销的精髓。人们传统的营销思路是，与媒体搞好关系，做好媒体"硬广"或软文的发布。现在，游戏规则已经变了，你如果能做出足够好的内容，铸造出社交货币，媒体会自动找上门来，义务帮你传播。

八卦、小道消息、传说、养生秘诀都可以成为人际沟通的润滑剂。QQ、微信、微博都可以成为展示自我的工具。它们已经成为人际沟通的"软通货"，在人际关系网中流通。

社交货币这个概念，再深入推导一下，我们就可以得出"社交本币"的概念。社交本币并非严格的货币银行学概念，是为区分不同平台畅销内容的特质而提出的一个"方便法门"。本币指的是某个国家或地区法定的货币，除法定货币之外其他的货币都不能在这个国家流通。

在不同的自媒体平台，受欢迎的文章是完全不同的两种风格。人们在不同的社交媒体平台上，需要呈现的是不同的自我形象。正确理解这一点，是制造"爆款文章"的第一步。

例如，一则反映深层社会问题的新闻报道，能在微博上引爆，但不一定能在微信朋友圈引爆。当这篇新闻报道发在微博上的时候，人们能够在此探讨人性、制度等问题。
而当这篇新闻报道发在朋友圈时，人们则会因为它太沉重
而不愿意去打开或者深度阅读。

用社交货币这个概念，可以很好地量化社交媒体的传
播效率。有一个现象是非常值得研究的。例如，一个白天
在微信朋友圈里发照片的"傻白甜"，可能晚上就变成微博
上的女权主义者。一个刚才还在朋友圈转发"心灵鸡汤"
的"技术男"，可能一转身就变成微博上的公共知识分子。

我们不用去分析这些人的社交心理，只要知道他们其
实在做同一件事——铸造社交货币就行了。

在不同性质的社交媒体平台上，人们用的"社交本币"
是不一样的。有的社交媒体是基于熟人社交，比如微信朋
友圈，在这里，我们要面对的是自己的家人、师长、上司、
同事、同学、朋友等，我们不方便在此发表一些容易引起
争论的东西，在这里呈现的也多是自己的"宴会型人格"。
而有些社交媒体，则是基于陌生人社交，比如微博、微信
公众号等。在这些平台上，我们好像立身于一个大广场中，
大家争相发表自己的观点，呈现的是一种"广场型人格"。

尽管平台与平台之间可以互相"导流"，但每个平台的传播潜规则大相径庭。它们之间的社交货币的差别，就像不同国家使用的不同的本币一样。

社交+营销的演化

互惠是人类的本能，小到孩童之间的交往，大到国家的往来，无不彰显互惠原则之奥妙。根据亚当·斯密的考证，互惠和信任是市场最原始的形态。

将社交与生意结合起来，是人类的本能。

1."网红经济"的变现探索

每个成功的网络红人，都是能持续为网民提供有养分的资讯的人。

如果一个网红陪伴我们很久，但我们又没有相应的美貌、才华、幽默感、故事、勇气……去回报他，我们只好去打赏他或者买点他的商品。或者，当他向我们推荐东西时，我们偿还他一个信任他的机会。

打赏这种模式之所以可行，就是因为我们大部分人是备受互惠法则支配的。少部分人只是因为缺少金钱，并不是不受此法则支配。只有极少数异类，完全不受此法则干扰。

人们常说，有人的地方就有江湖。确切地说，有信息交换的地方，才有江湖。

我们在电视上看过很多靠卖艺行走江湖的场面，不论是表演杂技还是武术，都是先表演完，再请观众打赏。这种打赏，其实就是一种互惠。

在中国，网络文学最先把这种快要被遗忘的商业模式给"捡"了起来。

网络写手们在各种网站上写东西，读者看完后觉得好，可以打赏一些钱，给多给少完全取决于"看官"的意愿。然后，网站与写手们按比例分这些赏金。

打赏是继会员付费、包月以及道具收费后的又一个面对个人用户的切实可行的商业模式。网络秀场、微博、微信都或多或少地采用了打赏的商业模式。

2. 社群营销是对社会关系的模仿

如今，大行于世的社交网络、社群营销，是人们对社会关系的模仿。尽管这种模仿很粗糙，却依然具有很强的吸引力。你创造的内容在上面流传，你就能获得一定的名声或其他好处。

小米有一个大约 20 人的微博核心团队，负责微博营销。小米还组织了 400 个非外包的技术人员和售后服务人员，专门在网上回答问题以及与网友互动。

雷军本人也亲自上阵写微博，每天都更新。通过这种低成本、高效率的营销手段，小米刚创立不久就具有了口碑效应。通过"玩"微博，小米第一年就在网上卖掉了几百万台手机。

3. 社交电商破茧而出

社交媒体的勃兴，逐渐演化出了一种名为"社交电商"的新物种。随着线上、线下融合趋势的日益凸显，传统"电商"已经不能顺应时代的发展，而"社交电商"正逐渐占据市场。比较典型的是以拼多多为代表的分享社交电商。

正所谓"先做朋友，再做生意"。社交电商——无论你有多厌恶这个功利的概念，社交与成交的强烈关系一直都存在。

我们谈及个人 IP 时，总是第一时间就想到网红、自媒体、主播。其实，社交电商才是最直接的个人 IP 变现形式。

07

粉丝倍增的
吸客术

　　1998 年，Paypal 创立。PayPal 的冷启动的种子用户只有24 人。通过向注册用户奖励现金形式，获得了每日 7% 的增长率，每 10 天就能实现用户翻几番。凭着这种烧钱扩张的模式，Paypal 实现了"弯道超车"，在用户规模上超过了竞争对手 Ebay。

　　正如雷军在总结阿里巴巴成功经验的时候曾经说过，要找到一个巨大的市场，聚集最优秀的人，融到花不完的钱，然后拼命往前冲。然而，并不是所有的企业都有本钱玩烧钱扩张的模式。所以，不用烧钱的用户裂变模式才是更为现实的途径。

微博发现客户，微信留存客户

因为微博的媒体属性，你可以轻易通过大号转发，顷刻间令千百万人知道你想说的事情。举例来说，你可用通过事件营销，以社交媒体当主战场，用极少的代价快速打开市场知名度。

但微博毕竟是弱关系，所以要靠微信来不断沉淀品牌和顾客的沟通，尤其微信还带有私密的性质，有些营销活动，更适合在微信进行。

通过微博关键词搜索，可以监测舆论，对企业出现的问题及时发现。有些企业还设置有"首席微博监测官"，随时发现问题，然后通知微信群里相关的负责人，尽快给做出改进。

如果把微信当营销平台，这就等于走到死胡同了。基于天然的通信录好友关系，微信更适合做服务平台。

人类进化史，同样也是一部工具发展史。我们要善于利用最新工具，吸引顾客，转化顾客，服务顾客，管理员工。如微信、微博、QQ 这些都是现成的工具，皆可拿来为你我所用。

微博是广场，而论坛是俱乐部

论坛营销，黄章堪称中国第一人。

2003 年，独自出走的黄章意识到国内 MP3 市场的机遇，在基本上毫无根基的情况下全力投入该领域，从一文不名，到成为随身听的第一品牌，其仅用了短短两年。

早在黄章做 MP3 时期，他就号召用户去各个论坛发帖，让用户凭借发帖链接在购买 MP3 时得到一定的实惠，当年社群营销概念还未成形，黄章已经组织了事实上的用户社群。

2006 年，黄章对于局势变化的敏锐嗅觉，当时诺基亚还沉浸在打败摩托罗拉的喜悦中，保守地进行半智能机的推进，未曾预见苹果手机诞生带来的世界性变革。

这一年，黄章开始做魅族手机时，他开始真正打造自己的粉丝论坛。

2009 年以后，凭借 M8、M9 两款手机惊艳亮相，魅族奠定了智能手机市场立足的基础。然而，雷军凭借更强大的资源后来居上，"截和"了魅族应有的头啖汤。

论坛是中文互联网上最古老的服务形式之一，中国最早的门户网站新浪网，也是脱胎于论坛。

正是这种简单原始的社交媒体，成就了魅族的崛起。

寄生大平台

互联网是注意力高度垄断的行业，对于绝大多数企业来讲，都不得不寄生于大的平台。这种寄人篱下，是一种不得已的选择。

对于空中食宿而言，克雷格列表拥有令人艳羡的海量用户基数。

克雷格列表，是有点类似于 58 同城的一个生活分类网站，由创始人克雷格于 1995 年创立，这是一个大型免费分类广告网站。尽管该网上只有密密麻麻的文字标着各种生活信息，看上去颇为乏味，却是美国人最喜欢的网站之一。数据显示，该网站是手机用户浏览时间最长的网站，每月平均浏览时间为 1 小时 39 分钟。截至 2007 年 9 月，网站的服务范围已经涵盖 50 多个国家的 450 多座城市。

空中食宿的三位创始人清楚地知道，自身所提供的订房服务被潜在用户选择的关键在于现有用户的数量。因为提供方会选择潜在消费者最多的平台发布信息，而消费者也会挑选货品充足的市场比价下单。

所以，空中食宿把克雷格列表视为基础用户的来源，试图从中分引客流。

他们先是找工程师开发了一项功能，该功能允许用户在空中食宿发布的信息同步到克雷格列表网站上。

用户在空中食宿发布信息后，会收到一封电子邮件，内容是告知用户：将该信息同时发布到克雷格列表可以帮助每月增加高达约 500 美元的收入，您只需要点击这个链接，我们就可以为您完成。于是用户往往会不假思索地点击链接，省去重复发布相同信息的流程。

接下来，空中食宿的机器人会自动执行一些动作，除原封不动地拷贝内容之外，还需要做一些深加工，例如选择投递到克雷格列表的哪个分类目录下，以及选择一个当前所在的地理位置。

这次成功的技术营销为空中食宿带来了丰厚回报：首先，越来越多来自克雷格列表的回流撑起了网站的人气，更多人注册账号并发布更多出租的信息；其次，原本习惯去克雷格列表发布信息的用户开始变成空中食宿的用户，因为现在只要在该网站发布信息就能同时出现在另一处；最后，原本的用户的黏性更强了，因为他们在这里获得了更多的收入。

空中食宿从竞争对手克雷格列表那里"挖墙脚"的另一个不太厚道的做法是，使用他们的 E-mail 通知系统给自己打广告。

空中食宿会检测发布到克雷格列表中的最新招租信息，然后模拟成客户给屋主"留言"，向其推荐空中食宿的服务。通过克雷格列表自动的邮件通知系统，屋主会收到这样一封邮件，信中会告知其说：我非常喜欢你发布的这则招租信息中的房间，你把它也发布空中食宿上吧，这里可是每月有超过 300 万次浏览量的页面呢。

虽然这一做法相比之前的技巧逊色很多，也从某种意义上构成了垃圾邮件，但不可否认，这些方法在早期，以近乎零成本的优势促使空中食宿快速成长。当然，克雷格列表不会坐视不管，它很快采取措施将其封杀。

在没有资金进行宣传营销的情况下，空中食宿选择用技术分享对手的现有客户资源，这种"攀附"不失为一种低成本扩张策略。

自建"吸粉儿"邀请系统

寄生于大平台，终究是一种寄人篱下的选择。不管大小，还是要搭建一块自己的根据地。

在失去克雷格列表这个"寄主"之后，空中食宿的用户数量呈现惊人的增长趋势。在 2014 年 5 月到 2015 年 5 月，仅一年的时间内用户数量便从 1500 万人激增到 3500 万人。

在 2015 年夏季，全世界近 1700 万人使用了这个点对点借宿平台，在过去的五年中其夏季租客数量激增 353 倍，与 2008 年夏天正式推出后接待 3 名租客相比真是天壤之别。

2015 年 7 月，空中食宿官网发出一篇文章，用来解释公司的"邀请系统"的运行机制，这个系统使得网站每天新注册用户人数和下单量总共增加了 300%。对许多网站或者软件而言，通过已经注册的用户邀请相关朋友注册，是一种常见的增加用户数量的方式。

但随着公司的快速发展，空中食宿之前的邀请系统并不能充分利用现有的用户和数据资源，况且这种邀请功能只能在网页端使用，在越发重要的移动智能手机上还存在缺陷。考虑到这种情况，空中食宿的工程师们对邀请系统进行了全新的工程再造。

霸屏不刷屏

论坛的最大特点是能沉淀老用户，但它在用户群扩散方面速度比较慢。

最初，微博刚刚萌芽时，微博只是论坛的一个补充而已。

如今，微博已经是中文世界最强大的社交媒体，堪称社会化媒体第一站。

这需要我们把微博账号当成网站一样去运营，把微博话题当成网站的频道一样去运营。

就像我们与人交往需要一些基本礼仪一样，一定不要刷屏！坚持"不刷屏"这一点，是很多企业做微博营销时不容易把持的，好像不频繁发微博就找不到存在感，但很可能人家意见领袖早就把你拉黑了。

小米做微博运营的时候，从一开始就规定了一条红线：任何一个账号，除了发布会直播这样的大活动外，日常每天发布微博不能超过 10 条。

QQ 空间，年轻客群的阵地

QQ 空间是一个容易被忽略的传播阵地，但它是年轻人的第一传播阵地。

QQ 空间的产品形态和微博有些类似，有转发传播的属性，很适合用来做事件营销。然而，QQ 空间（QZone）的

用户群体，大多数年龄在 25 岁以下。根据数据分析，QQ
空间用户很喜欢上传照片，其中用手机拍的照片比例接近
70%。QQ 空间在国内运营已久，沉淀了海量的年轻用户群
体，在中国互联网应用博客类产品里面的市场占有率遥遥
领先，覆盖人群达到 1.3 亿人。

　　红米手机的定位是年轻人，有着吸引年轻用户的定价
和同价位中较高的硬件配置。小米的新媒体营销之前只在
自己的论坛和新浪微博上展开，而对于红米手机的目标用
户来说，QQ 空间上聚集的对价格和性能同样敏感的年轻人
群体正好切合了这种需求。

　　面对海量用户群体，QQ 空间当时对于如何探索新业务，
发掘围绕 SNS 的新商业模式，也缺乏一个好的引爆点，所
以 QQ 空间并没有得到业内应有的重视。

　　为了精准直达红米的目标用户群体，小米与腾讯达成
了合作——红米 Note 在 QQ 空间首发。

　　2013 年 7 月 29 日下午，突然一张"小米千元神秘产品
QQ 空间独家首发"的图片被发布到了网上。这一悬念引起
了整个业界的关注和猜想，当时甚至有媒体猜测是否腾讯

要入股小米。

这一活动让红米创下了 1500 万名的网络预约人数新纪录，仅仅 30 分钟内就有超过 100 万名用户参与红米的价格竞猜活动。通过 QQ 空间彻底引爆了市场，成了"现象级"产品。红米开放预约后，三天内就有超过 500 万名用户参与预约。到 8 月 12 日红米手机第一次发售日之前，有超过 745 万名 QQ 空间用户预约购买红米手机。

而小米手机在整个空间用户上传照片的安卓机型中一度排名第一。在红米手机发售前，小米手机在 QQ 空间的粉丝数为 100 万人。到了 8 月 12 日，红米手机发售结束之后，小米手机在 QQ 空间的粉丝数达到了 1000 万人。2014 年 3 月，小米和 QQ 空间再度合作，联合发布红米 Note 手机，预约用户超过 1500 万人，而小米的 QQ 空间粉丝数也突破了 3000 万人。

微博用户大多觉得自己是意见领袖，喜欢发表观点。而 QQ 空间的用户更喜欢点"赞"，单纯地表达他们对某一件事情"知道了"或"还不错"的感觉。

QQ 空间还有一个比较开放的特点，就是相对而言用户对内容里外链接的点击率更高，这样大量的点击链接直接导入销售官网，可以带来更直接的流量。

QQ 群营销

QQ 群，一般是聚集着有某种共同爱好或是目的小圈子的人。QQ 群营销的本质也是希望通过线上工具，借助人与人间沟通的力量来完成品牌的推广。QQ 群营销有几个关键点。

1. 占领 QQ 群搜索"关键词"

腾讯的搜索框里面，有 QQ 群查找功能，当搜索一个词的时候，就会出现关于这个词的大量相关 QQ 群。例如母婴 QQ 群，你进群后，就可以和大家一起交流母婴类的话题。在给群取名字和写简介时，你要尽量写完整，包含你想获得排名的关键词，及相关关键词。群名、群简介、群标签都要注意进行优化，并且在群描述上一定要强化想要出现排名的关键词，最好还要将需要优化的词语在群描述和群名称中尽量靠前。

2. 要提升 QQ 群排名

利用 QQ 群做营销一直是很流行的手法，它所吸引的都是非常精准的用户群体，所以如果我们去这样的地方宣传推广、发广告，就很容易被群主和管理员踢掉。那我们如果自己建立这样一个 QQ 群，就能"我的地盘我做主"了。在群里推广什么东西，都是有一定权威性的，记得平时还要进行互动，增进彼此之间的信任度。

不用多说，群等级当然是越高越好，要想把群等级提升上来，大概有这样几个规则。

（1）完善群资料，上传自定义群头像，标签不少于1个，简介不少于 30 个字。

（2）群内相片数不少于 3 张，文件不少于 2 个。

（3）群人数 >50，发言人数 20 人直接升级为 LV2。

（4）群人数 >100，发言人数 40 人直接升级为 LV3。

（5）群人数 >200，发言人数 80 人直接升级为 LV4。

（6）群人数 >400，发言人数 120 人直接升级为 LV5。

3. 注意区域设置

搜索的 QQ 群全部显示为当地的，如果我们需要做一个全国性的，也就需要有多个不同地域的 QQ 群来支撑，那么各地的用户搜索的结果都会显示我们的 QQ 群了。

4. 用户活跃度

如果新建一个 QQ 群，而这个 QQ 群里只有寥寥几个人，那么就算这个群排名再靠前也没人加进来的，因为人太少了，进去和谁聊呢？所以前期的时候，这个门面必须拉人头充一下场面。等 QQ 群加到几百人以上的时候，再把不活跃的 QQ 用户退出群，剩下的就全是真实活跃的用户了。

如果 QQ 群的活跃度一直很低，那么这个 QQ 群的排名也会靠后。这个时候，就要想办法促进活跃度，最基本的做法是开展话题、发红包等。

当你的 QQ 群排在前面时，就一定会有搜索这类 QQ 群的人加入你的 QQ 群。每天搜索 QQ 群的人还是蛮多的，这种方法一天可以令你的群增加 20 个人，一个月就能增加 600 人了。关键是这种加群的方法，是被动式的等人加群，不用到处去推广，非常省力气，并且来的人身份定位都非常精准。

5. 引导聊天内容

要真正体现 QQ 群的价值，就要注意做引导聊天内容，否则会出现恶性循环：各种灌水、无意义的聊天增多。这时候，群里的元老、有价值的成员会渐渐隐退。当无意义的闲聊越来越多，只会让有追求的群成员渐渐离开，导致群的活跃度日趋衰落。

严禁群成员发送带有软件后缀的群发消息，这样会降低群排名。遵守法规，更要立即剔除发布不良信息的成员。

借群营销策略

如果你嫌自建 QQ 群费时费力，在别人的群又不能随便做推广，该怎么办？你可以通过一些社交手段，搞定群主，成为群的管理员。或者建立 QQ 群联盟，互相交换群资源。假设一个 QQ 群是 1000 人，占领 30 个群就是占领 3 万个精准用户。

1. 先做朋友，后做推广

在社交媒体无限发达的今天，只有熟人发的消息，大家才会放心地去看或是点击。对于做 QQ 群推广的人来说，应该本着"先做朋友后推广"的原则。先混个脸熟，甚至成为朋友，大家才会接受你的信息。

2. 有温度原则

群发软件傻就傻在它是个机器，而 QQ 群是具体的人与人社交的产物。要记住"有温度"这个原则，发多少个群不重要，多少群员转化成为我们的用户才重要。蜻蜓点水式的乱发广告，不但转化率超低，而且注定徒劳，只有在一个群里长期奋战，保证信息传递给每一个人、影响到每一个人时，转化率才会体现。

3. "低频"原则

广告太多了，大家必定反感。即使群主不踢，广告也不能太频繁，要"少而精"。

4. 植入软文

在群内发硬性广告的效果越来越差，所以，那些通过精心设计的、混合了高价值内容的软性植入广告，是一种不错的选择。

5. 利用工具

QQ 群自带群邮件功能，可以针对群内所有成员群发 QQ 邮件。这个功能非常强大，转化率也非常好。还有一个群文件功能，可以将要推广的信息，整理成软文、视频、电子书、图片等，上传到群文件中。不被管理员删除的话，这个文件就会一直存在于群文件中。后进群的成员，也可以下载观看。

弹幕营销

"弹幕"这个词可以理解为"字幕像子弹一样飞"。

雷军、罗永浩都曾借助直播平台亲自卖自己的产品，并且对网友的弹幕提问进行了开放式回答。

如今则衍生为用户在观看网络视频时将自己的评论文字直接发送到屏幕上的互动方式，用炮弹一样的评论或吐槽充斥屏幕。弹幕视频起源于日本的 NICONICO，弹幕视频站甚至渗透日本重大政坛辩论直播中：不同党派候选人的政治立场激辩网络直播被用到了 NICONICO 上，人们对不

同政治家的表现进行即时评价。而 AcFun（俗称 A 站）和
Bilibili（俗称 B 站）则是国内目前最主流的两家弹幕视频
网站。

弹幕的兴起，可归结为即时归属感与二次创作成就感。
弹幕的实质是一个社交平台，"90 后"用户则是弹幕的热
衷者。

因为评论的即时性和随心性，用户将更深地感受到
"同步"的快感。这种"同步"的快感满足了用户的社交
欲，拉近彼此之间的距离。弹幕的出现为视频的"二次创
作"提供了大量空间，不需专业的技能储备，只要敢于吐
槽与戏谑，就能成为视频的二次创作者。

开启弹幕功能，看视频的时候就会出现各种吐槽、灌
水内容，当然也有广告。弹幕可以实现精准营销，毕竟
"物以类聚人以群分"。视频的类型基本上能决定观众的兴
趣点，例如，在韩剧的弹幕中营销剧中人物的"淘宝同款"
以及剧中人物所用的物品，都能够达到精准营销的目的，
而且作为明星和偶像剧的粉丝观众会欣然接受，并且不会
因为广告而引起他们的反感。

08

第 8 章

线上与线下的
融合

新零售就是以互联网为依托，通过运用大数据、人工智能等先进技术手段，对商品的生产、流通与销售过程进行升级改造，进而重塑业态结构与生态圈，并对线上服务、线下体验以及现代物流进行深度融合的零售新模式。这也就意味着，线上与线下的界限将越来越模糊。

电商已死，新零售当立

"新零售"概念在 2016 年云栖大会上首次被提出，"纯电商时代很快会结束，未来的十年、二十年，没有电子商务这一说，只有新零售这一说，也就是说线上线下和物流必须结合在一起，才能诞生真正的新零售"。

"新零售"随之便成为热词，业界诸多人士都开始解析布局。阿里、京东、苏宁、国美、亚马逊、沃尔玛等海内外零售巨头也都在积极布局新零售场景。

为什么要提新零售？因为线上红利已经日益枯竭。

根据前瞻产业研究院发布的《2018 年中国新零售行业商业模式研究报告》，"新零售"是指未来电子商务平台将会消失，线上线下和物流结合在一起，产生的一种经营业务模式，即"线上 + 线下 + 物流"。

新零售其实就是将线上社交网络、地面销售网络、以及物流网络进行高度融合。新零售的另一个特点就是线上与线下的流量结合，全渠道吸客与变现。

电商巨头布局线下

传统电子商务的优点是"轻资产"。但回顾这几年大"做局者"们的战略意图，可以发现他们都是反其道而行之，"往重了做"，比如京东自建物流、阿里巴巴的新零售，都是向线下反扑，以实现全生态链吸客。

1.硬件即软件。比如小米手机的初衷之一是推"米聊"，乐视便宜卖电视机也是为了销售其版权。

2.线下即线上。无论是阿里、京东等电商巨头，还是苏宁、沃尔玛、永辉等传统零售公司，都已对大型零售布局跃跃欲试。

例如美大（合并后的美团和大众点评），是用自营或投资的方式，控制了一整条生态链上的企业，从最上游的进货方、到中间的餐饮企业管理工具、再到最后的外送，点评等。最终，一整个链条上都是美大的生态。

移动互联网时代，每个商家、个人创业者、企业都应具有流量思维。在移动互联网的普及阶段，流量红利一度大量爆发，发生了不少草根逆袭的传奇。但随着互联网进入下半场，线上的流量红利似乎消失了，通过线上获客的成本在不断提高，线上流量变得昂贵且不那么高效，于是，大量商业创新开始聚焦线下实体商业，去线下找用户成为互联网品牌的不二之选，如今线下渠道正在成为重要流量入口。

互联网发展至今，已经基本普及，用户增长趋缓，移动互联网月度活跃设备数量趋于稳定，人口基数带来的红利消磨殆尽，相反，线下实体商业的流量浪费十分惊人。

实体商铺具有自带流量的天然特性，但尚未被充分利用。相对于线上流量的高成本，线下流量成本更低更稳定，阿里巴巴、京东等电商巨头布局线下，正是基于这一点判断。

盒马鲜生就是阿里巴巴旗下比较成功的新零售典型的例子。

2015 年初，当时还不是阿里巴巴高管的张勇，与京东物流高管侯毅聊了一聊。双方探讨能否将线上线下融合起来做点事情。

2016 年，盒马鲜生在上海的第一家店开业，竟然可以在大卖场里买了龙虾，厨师帮你做熟了现场直接吃。

盒马鲜生的两位联合创始人，分别是侯毅、沈丽。

2017 年 7 月，侯毅在接受采访时表示，盒马营业时间超过半年的门店已经基本实现盈利。侯毅称，盒马未来主要将服务三类人群。第一，晚上大部分时间在家的家庭用户。第二，基于办公室场景推出针对性便利店或轻餐。第三，周末会带着孩子去超市、出去走走的用户。

盒马鲜生其实是一个线上线下一体化运营的生鲜电商，并且盒马鲜生的未来优势就是"线上总收入"来帮助突破线下的坪效极限。

作为一家集超市与餐饮店为一体的门店，他们提供客户到店购买，或在 App 上下单、由厨师现做的服务。另外，客户在门店周围 3 公里范围内下单，即时物流会 30 分钟送货上门，最长一般不会超过 1 小时。在盒马鲜生 App 购物，不能预约隔天送达，只能当天送达。

面对巨大的蓝海流量，探索线下流量入口成了新的投资主题。从阿里投资盒马鲜生，小米发力小米之家，阿里入股分众传媒等诸多案例可以看出，巨头们已纷纷把目光瞄向线下。

新零售时代，流量正在悄然变成大数据。旺铺的位置总是集中于核心街区，城市的商业核心区域就是一个巨大的流量池。所以，新零售要串联线上线下，收集线下数据，把住线下流量入口。

新零售是一种生态系统

早在电子商务之前，就已经存在很成熟的"通贩"业态了。通贩是一个日语词汇，通贩包括邮购、电视购物、电台购物等多种形式。比如邮购，就是一种寄生在邮政网络上的"网商"。

100 多年前的美国，5000 多万人口散布在 38 个州，其中 70% 的人居住在农村，邮购零售就此诞生。因为一本邮购目录上能够记载的商品比起几个小商铺要多太多。

1894 年，西尔斯邮购手册足足有 700 页，商品总数达 6000 多件，相当于一个大中型超市。理论上讲，邮购手册也是一种"无限货架"，印刷一本邮购目录，恐怕比现在网商的运营成本还要低。

网购也是一种通贩。

日本电商比中国出现得早，但到现在一直都不温不火。其根本原因在于日本的便利店已经做到了极致，也就是说，线下的零售网络已经高度发达。我们常说"万能的淘宝"，一发现缺什么，都会先到淘宝搜一下。但日本人首先想到的是便利店，日本线下零售服务的高度发达，使得网购对其无法构成冲击。近年来流行的"长尾理论"，其实是一种泡沫的欢歌。

在我国，传统零售业已经被互联网公司冲击得元气大伤，流量和毛利被吃光抹净。除了汽车和加油站，互联网公司对线下零售业的打击是，要么蚕食，要么鲸吞。

现在，互联网公司又杀过来了，要搞零售还带个"新"字，为什么？因为纯电商红利已经终结，增长乏力，要想生存，只能把手伸到线下去。

未来所谓的"新零售"，很可能是深耕服务，比如帮你代收快递，替你买演唱会的门票，甚至替你买感冒药，都能由一个楼下的便利店替你解决了。

未来的电商不再是纯电商，零售业也不再是纯粹的零售业。而是互相交织、渗透的新零售、新通贩。

Jet.com：沃尔玛的新零售业态

有一家公司，还没正式成立，就宣称要向零售巨头亚马逊开战，两轮融资高达 2.2 亿美元，估值约 6 亿美元，它就是马克·洛尔（Marc Lore）创办的电商网站 Jet.com。2014 年 7 月，这家总部位于新泽西州蒙特克莱尔的电子商务初创企业成功融到第一笔 5500 万美元的资金，到 2014 年 8 月又融到 2500 万美元，顺利完成总额 8000 万美元的 A 轮融资。投资方包括新企业联盟（New Enterprise Associates）、加速合伙公司（Accel Partners）、贝恩风险资本投资公司（Bain Capital Ventures）和蒙特科技风险资本投资公司（MentorTech Ventures）。2015 年 2 月，该公司在 B 轮融资中获得了 1.4 亿美元，这轮融资由之前的投资者贝恩资本风险投资公司领投。此轮融资中的估值近 6 亿美元，这笔投资让 Jet.com 融资总额达到了约 2.2 亿美元。

公司能取得如此令人瞩目的成绩，和创始人马克·洛尔的成功经历不无关系。 在此之前，他曾创办被亚马逊视为潜在对手的电商网站 Diapers. com，这是美国的一家垂直类电商，以销售母婴用品和家居用品为主，服务水平过硬，尤其是在订单和物流管理上有一些比较领先的优势，与西雅图在线零售商亚马逊进行了激烈的竞争。2011 年，它所隶属的公司 Quidsi 被亚马逊以 5.5 亿美元的价格收购，在收购前，亚马逊曾宣布与 Diapers.com 开打价格战，曾多次通过暂时性的亏本销售来消灭竞争对手，在亚马逊祭出价格战后不久，Quidsi 公司就卖给了亚马逊。马克·洛尔根据合同要在亚马逊工作四年，但他在 2013 年 7 月离开，一年之后集结 30 多名 Quidsi 公司的老成员创办 Jet.com，再次挑战亚马逊。

2015 年 11 月，在公司上线不到四个月的时间内，其完成了新一轮 3.5 亿美元股权融资，由富达投资领投，现有股东参与。公司估值高达 15 亿美元，成为初创公司中的又一独角兽。

2016 年 8 月，沃尔玛以 30 亿美元另加价值 3 亿美元的沃尔玛股票买下 Jet.com，外界解读是为了与亚马逊展开激烈的竞争。

但如今，沃尔玛把这个纯电商平台搬到线下来了，做了个快闪店，以一种"贩卖生活方式"的杂货店形态出现在纽约闹市区。在沃尔玛看来，这种店铺就是未来零售店的模式。

与美国第一大连锁会员制仓储式量贩店好市多（Costco，美国最大的连锁会员制仓储量贩店，每年收取 55 美元的会员费）类似，Jet.com 要做的是它的线上版。好市多以物美价廉著称，非会员必须由会员带领方可进店消费。与好市多一样，Jet.com 不会向所有人开放：在经过 90 天的免费试用期后，必须支付 50 美元的会费才能继续使用。马克·洛尔承诺，作为每年 50 美元会员费的回报，网站价格最终会比其他任何电商便宜 10%—15%。该公司之所以能提供低价，是因为他们只准备通过会员费赚钱——他们的商品全部都是零利润。公司还表示，他们的低价源自流程透明度的提升，并将采取更多措施节约成本。马克·洛尔说，Jet.com 会是"一种全新的电子商务体验，它在透明度和消费者授权方面将是独一无二的"。公司早期的会员招募获得约 352000 名注册会员，在 2015 年 5 月 1 日启动试运营，仅向 1 万名"内部会员"开放。内部会员资格是通过此前官方发起的推荐活动发放的，推荐给朋友数量最多的前 1 万名用户获得内测资格。他们预计平均每个会员每年可以节省 150 美元，Jet.com 的价格优势可能不仅会抢走那些亚马逊的现有用户，而且将吸引没有网购习惯的购物者。创始人兼首席执行官马克·洛尔把 Jet.com 网站描述为会员项目，通过与零售商进行合作，尽可能为在线购物的客户节省更多资金，向会员提供互联网上最低的价格。网站为试运营提供了大约 500 万件商品，在 6 月中旬正式发布时商品总数增加到 1000 万件。在 B 轮融资过后，马克·洛尔表示："我们将利用这笔资金投资于为客户提供价值主张上，我们将用更多的资金进行全面投资，从产品、市场到基础设施和运营。"该电商网站区别于竞争对手的关键一点是提出"根据配送距离动态定价"的模式，即根据距离、时间等条件的优先级不同而对物流费用进行动态的定价，沿袭了 Diapers.com 之前在流程和物流管理上的优势。目前，电商物流基本上是按距离和重量等参数一刀切地定价，着急收货的消费者花钱也买不到更好更快的物流，不着急收货的消费者也无法用时间换取优惠。Jet.com 要做的，就是用经济力量对这些资源进行更细致的配置。动态定价的方式在电商中并不常见，采取动态定价策略主要依据两个维度：第一是基于时间，比如新品和处于销售高峰的商品价格会更高（在订机票、酒店时常发生）；第二是基于市场细分，也就是把消费者分为不同的价格承受级别，然后针对他们设计不同的产品组合进行销售。Jet.com 的动态定价模式实际是一种基于市场细分的定价方式，其细分维度就是"配送距离"。也就是说，Jet.com 在销售商品的同时把配送物流也当作一种服务来销售，如果你的配送成本更低，就无须支付和其他配送成本高的用户相同的配送费用。

马克·洛尔在接受采访时曾表示，"我们将不会通过出售商品获取利润。我们将会通过会员费赚钱。因此，我们将会把通过商家获得的佣金全部用于降低产品的售价，亚马逊则必须保留佣金作为利润，这就是我们与亚马逊之间的差别。"然而，2015 年 10 月，上线不到三个月的 Jet.com 宣布公司将放弃收取年费的业务模式，即不再向用户收取 50 美元的年费，而此前公司是将年费视作唯一利润来源的，因为其把销售商品获得的佣金，全部用以降低商品价格的方式返还用户了。通过向用户提供免会员费服务，提供 3 个月至 12 个月的免费测试，意味着几乎没有用户愿意支付该公司 50 美元的会员费年费。放弃会员制模式，意味着 Jet.com 将不得不采用更多传统方式让公司实现盈利。例如保留部分的卖家佣金，或者向卖家收取其他电子商务网站收取的费用。但如此一来，公司就不会再承诺出售的产品售价要比其他网站更低。Jet.com 在电子邮件声明中表示，公司将会向早期缴纳会员费的用户提供一年的免费邮寄服务，并不限订单大小。新会员缴纳 35 美元，也能够获得免费邮寄服务。在不征收会员费之后，目前尚不清楚 Jet.com 将如何维持比亚马逊更低的产品售价，以及如何募集资金来支持公司的广告推广。自诩比亚马逊的产品售价更低，是 Jet.com 吸引客户的主要卖点。

Jet.com 成功的秘密

这家还没卖出任何产品的电商网站就能筹集亿万美元的资金，除了到位的广告宣传外，关键还是因为首席执行官兼创始人马克·洛尔再次重塑零售行业的信念。

Jet.com 还没正式推出，一些中层员工已经加入这一网站，尽管他们也没有确切地知道这家购物网站到底通过何种方式开展工作。随即公司又吸引了大笔投资以及众多的员工的加盟，主要还是与该公司的首席执行官马克·洛尔赢得了各方的信任有关。诸多业界人士认为，Jet.com 有潜力成为过去 10 年中推出的最具雄心的电子商务网站。从高层次的角度来看，Jet.com 正在努力重新确立网络中的好市多会员俱乐部模式。它是一个在线营销市场，在这个网站上零售商都可以销售他们的商品，像美国在线购物网站 TigerDirect.com 以及其他数百个类似的大小网站等。Jet.com 网站销售的商品种类包括体育装备、家居用品、食物餐饮、外出旅行等，品目繁多、一应俱全。在 Jet.com 成立之前，有很多电商网站试图挑战亚马逊在零售界的地位，包括 2009 年成立的总部位于美国西雅图的闪购网站 Zulily、1999 成立于美国拉斯维加斯的鞋类网站 Zappos.com、美国最大的连锁书店 Barnes & Noble、以及前文提到马克·洛尔创办的母婴用品网站 Diapers.com，这些挑战者要么被亚马逊收购，要么在与亚马逊同类产品竞争中败下阵来。

　　马克·洛尔此次卷土重来，意欲东山再起与亚马逊正面交锋。Jet.com 被沃尔玛收购后，也算是求仁得仁。它的成功使用的武器主要包括以下八种。

秘密武器 1：低价

该网站尚未运营就声称所有商品价格平均将比其他所有网站的整体价格便宜 10%—15%，为证实这一说法，创始人洛尔还与部分业界人士把 Jet.com 网站上的尿布、清洁剂等商品价格与其他网站进行比较，事实证明该网站的价格确实更低。而后，业界人士在线搜索了 Sonos Connect 设备，发现在 Jet.com 网站这款设备的价格为 301 美元，而其他电子商务网站上最低价格则是 349 美元。

比如，像好市多这样的会员俱乐部之所以能够以极低的折扣价格来销售商品，主要是因为前期采用标品亏损销售和会员费补贴等方式，容易在市场中形成低价印象，在打开市场后再培养用户购买其他毛利更高的产品。这种模式并非真正意义的低价，而是超市将盈利结构进行合理分配，采用通过部分 SKU（最小存货单位）突围建立低价印象。同时，通过非品牌替换掉品牌库存，节省掉采购品牌商产品的那部分品牌附加值，这部分附加值就是超市利润来源。

不过，这并不是 Jet.com 采取的方法。当零售商在网站销售商品时，每次销售都会让 Jet.com 抽取提成，具体的提成数额会根据产品类型而不尽相同，亚马逊的抽成率通常在 8% 到 15% 范围内浮动，而 Jet.com 将获得的这些佣金用来资助消费者最初的所有折扣，然后通过会员费来获得大部分盈利，而非将销售商品获取的提成作为其盈利渠道。洛尔称："我们网站上的所有商品基本按照我们的成本价格销售，顶多只比成本高一点点。"

秘密武器 2：折扣

消费者总是喜欢借助工具找到最物美价廉的商品，例如用于检查可用优惠码的网页浏览器插件 Hukkster。但 Jet.com 为对价格敏感的消费者提供了另一种选择——只需访问其网站就可以为获得约 1000 万种商品的最低价。如果消费者同时订购了多款商品，Jet.com 的技术将会进行幕后搜索，如果发现一家零售商的仓储中有其中的两款商品，系统就会自动申请更多的折扣，因为这样给用户发货的成本效应就会更高。Jet.com 的系统还会寻找一家离消费者住所更近的仓储节省运送成本，如此便可给消费者更多折扣。所有的这些都在幕后发生，而购物者在往购物车增加更多新产品时，就会看到更多的折扣优惠成堆地显示出来。洛尔称："并不是说我们发货的方式更加智能。事实上，我们是在展示真正的深层次的经济因素。如果我们将这些折扣更加透明地公布给消费者，那么我们就会有效地增加更多有效的订单。"如果用户不是用信用卡而是用记账卡或银行卡来付款，Jet.com还可以打更多的折扣，因为这样支付处理费用更少。另外，用户将电子邮件地址给销售方也可以获得降价机会，每个零售商都会给Jet.com提供一个业务规定，决定哪些商品订单可以获得什么样的折扣。Jet.com很快还会推出紧俏商品的延迟送货选项，这样可以节省更多钱，客户也可以选择不退货来获取更多折扣。

秘密武器3：快速送货

对于单笔金额不少于35美元的订单，消费者就可以享受免费送货的优惠。如果订单低于35美元，那么消费者就需要为此支付5.99美元的送货费用。对多数商品而言，订单往往在三到五个工作日之后得以履约。对于消费类商品，如

纸巾、谷类和牙膏等，最多只需两个工作日就可以将货送到
消费者手中，这与亚马逊的 Amazon Prime（亚马逊金牌用户）
服务极其相似，而且不收取任何额外费用。Jet.com 之所以
能够这样做，主要是由于该公司拥有两个仓储，在地理位置
有效区域存储这些商品。用户平均每一单订购的商品约为
5.5 件，该公司平均每个纸箱可以塞进 3.1 件商品，公司希望
通过一次性多寄一些商品的方式来节省配送费，并希望能构
筑一个几乎没有库存的纯市场，由制造商、品牌和零售商维
持自己的库存和配送网站。

秘密武器 4：整合零售，不建仓储

Jet.com 希望能够整合大大小小的线上零售网站，不像
亚马逊那样建仓储，而是把所有零售商作为它的库存分站。
但它发现并不是所有在线零售商都愿意与其合作，洛尔承
认像诺德斯特龙（Nordstrom）这样的时尚零售商已经要求
退出。但网站很快就为消费者提供一个选项，让他们把私
人邮箱分享给零售商，为的是接收来自这个零售商的优惠
券和在商品购买上的折扣，这个选项显示了 Jet.com 超过
其他平台的优势。"如果你选择的是像亚马逊这样的平台，

他们不会让零售商去做营销。"罗瑞说，"至少在这里，消费者可以选择分享他们的数据。而且因为 Jet.com 的零售商伙伴是直接向消费者发货，他们也可以在货箱中针对他们的消费者进行营销活动。"零售商伙伴还可以在他们完成订单的方式上与 Jet 进行合作，这在其他网站是没有的。例如，为了规避那些没有利润的订单，零售商可以拒绝分单或是寄送到十分偏远的地区。

目前已有 2200 家零售商同意通过 Jet.com 进行销售，这些零售商包括新蛋、Barnes & Noble、联想、华硕、戴尔、哈珀柯林斯等，但只有 500 家在正式推出时完成了集成。Jet.com 决定销售未来可以从合作伙伴那里获得的所有商品，即使这意味着前期要承担一定的经济损失。

秘密武器 5：帮助购物，保证供货

"这是一种非常简单的品牌承诺。消费者每年支付 50 美元，购买任何一件商品都可以节省开支。"洛尔如是说。在 Jet.com 网站一旦正式上线，可销售的商品数量将有数百万个，如果消费者在 Jet.com 网站上搜索一件产品却没能找到，那么 Jet.com 仍可以让消费者继续订购该商品。

在此之后，Jet.com 网站将帮助消费者采购这一商品，而且可以给消费者提供一些特殊的折扣，不过具体折扣金额尚未透露。

秘密武器 6：联合时尚品牌

每个大型在线购物网站都努力拉拢那些只在线下和官网售卖的高人气时尚品牌公司的产品，亚马逊网站在此方面的努力却多以失败而告终。为成为这些品牌的销售渠道，Jet.com 推出一种名为"Jet Anywhere"的附属计划，该计划将给 Jet.com 会员提供回报奖励，目前合作的品牌有盖璞（Gap）和 J.Cres 等。当会员在线下或该品牌官网购物时将有 Jet.com 积分卡赠送，可以换取与这次交易额的 20%—30% 价值的商品。洛尔称："这是一种特殊的奖励，这可以让消费者在我们网站毫不费力地购买商品。"

秘密武器 7：耗费巨资培养新用户

Jet.com 笃定成功运营的关键绝不只是简单地将网上客户从竞争者那边拉过来，它正计划发布耗时一年花费 1 亿美元的"闪电"营销计划，以期培养美国"千禧年一代"[是指出生于 20 世纪时未成年，在跨入 21 世纪（即

2000 年）以后达到成年年龄的一代人］经常性网上购物的习惯。尽管年轻妈妈们大多都是数字原住民，但她们中的大部分并没有产生足够多的网上购物行为，正是因为网上购物价格还不够诱人。据美国商务部报告显示，只有 8% 零售交易发生在线上。洛尔曾说过公司计划在未来五年时间内投放 5 亿美元用于营销，这样一家雄心勃勃的公司或可打造电商领域的新业态。

秘密武器 8：线上线下融合

沃尔玛的新零售业态，是线上"反扑"的一种尝试，希望借此能与顾客建立更多"物理"上的联系。

沃尔玛在纽约开设这家 Jet.com 店的目的就是，让消费者更加了解 Jet.com 杂货产品，并希望将线下的消费者导流到线上。其实就是线上线下的新零售融合。这家店铺的展示形式不同于超市的单纯摆设商品，而是注入了很多生活元素。例如，在装修上布置了假草坪，与窗外车水马龙的柏油马路形成对比。

在这家杂货店里还使用了一些科技设备，比如店铺的地板上设有可以跟踪人们运动的热绘图技术。如果系统统计到商店的某个区域不能吸引客户前往，说明这个区域的产品或陈设有问题，系统就会"报警"通知店内的工作人员改进。

Jet.com 的劣势

在 2015 年 7 月上线之前，Jet.com 已经花掉 4000 万美元，这些钱用在了库存、300 多员工的招聘，以及位于新泽西、堪萨斯、内华达的仓库和其他初创公司的消费上。此外，公司还在广告上花费了 1 亿美元，这包括从 2014 年 9 月开始的电视宣传活动。它还给予早期用户 6 个月的免费使用，12 个月的试用，并且现在推出了 3 个月免费试用。除了这些，它还在发放"JetCash"，可以让用户在其他地方的商家网站上购物时也能节省费用。一般而言，这样的企业日常管理费用每年可达 1.5 亿美元，不过马克·洛尔表示会尽力把花费控制在这个数字以下。2015 年 5 月，消费数据初创公司 Boomerang Commerce 获得 Jet.com 的授权，进入网站做了抽样调查，样本为跨越多个品类的 200 种商品。结果显示，其中 188 种商品都比亚马逊便宜。整体而言，Jet.com 的价格要比亚马逊要低一些，但亚马逊自有商品往往会比 Jet.com 便宜一些。如此看来 Jet.com 的确更具优势，但将年费 99 美元的 Amazon Prime（亚马逊金牌服务）用户转化为会员并不容易。

（1）亚马逊提供上亿种商品，而 Jet.com 正式推出服务时仅提供 1000 万种商品。

（2）亚马逊金牌服务没有免运费的最小订单金额限制，无论消费者购买多少商品都可享受免费送货，但 Jet.com 却要满 35 美元才能免费送货，低于这个金额的订单需要收取每单 5.99 美元的运费。

（3）固有的用户黏性和品牌忠诚度使得亚马逊金牌服务的许多用户相信自己所得商品价格是合理的，并不会去其他电商网站进行比价。

（4）这类客户群体享受两日送达的快递服务，而 Jet.com 商品送达时间不一而足，如纸尿布、卫生纸和麦片的送货时间为 1—2 天，服装和电子用品的送货时间为 2—5 天。

（5）亚马逊为越来越多城市提供当日送达快递服务、大量可免费观看的流媒体电影和电视剧以及免费的照片存储空间。尽管在上线前 Jet.com 已经拥有 10 万名消费者，但还有待取得用户数量的突破。

对此，马克·洛尔表示他并不担心，因为即使不考虑亚马逊，现在美国电子商务市场总量大约为 2000 亿美元，Jet.com 模式在年销售产品额 200 亿美元时是可盈利的。

09

第 9 章

新消费
与场景化营销

　　任正非曾经提出：要用场景化而不是定制化的解决方案来消化客户需求。在新零售模式下，线上和线下的边界已变得模糊，消费者时刻活跃在线上和线下场景中。企业需转变观念，着力研究消费者所处的位置以及消费的时间，争取在更多的场景中与消费者进行互动，以覆盖其从需求、购买到退换的消费全过程，提高流量和转化率。

新消费时代已经来临

　　消费市场正在步入新消费时期，即从基本消费向意识需求的提升。

吉林省人民政府网 2020 年 7 月刊文《"新消费"的崛起中国拉动内需和消费升级》称：具体什么是"新消费"，尚无统一定义。从狭义上看，"新消费"是指由数字技术等新技术、线上线下融合等新商业模式以及基于社交网络和新媒介的新消费关系所驱动之新消费行为。因为它具有"增量"和"升级"的特点，从本质上，"新消费"应该是所有零售企业共同追求的目标，但在目前，新消费实际上是由网络零售业所引领和发动的，这就使得网络零售业和中国的内需增长因此而深度绑定。

比如，在某迪士尼景区的游客收到了一个魔法手环，这个手环可用作公园门票、拥有特许权的信用卡、房卡等，而这是通过嵌入公园各处的传感器和上百个相互联通的后端系统实现的。游客在公园景点、商店或在饭店点餐时，都可以听到服务人员用他们的名字问候他们。因为服务人员可以在显示屏上"找到"游客的名字。

正如迪士尼公司一位管理者所述，魔法手环的另一个特点是："我们利用排队长度和客容量等数据，使游客一天的游玩更加魔幻、更加有趣、更加愉快。如果游客排的队特别长，根据他之前所游览的景点，以及其他景点排队的长度，我们可以通知游客去其他排队时间较短的景点，比如爱丽斯梦游仙境景点，只用排队两分钟即可游览。我们还有大量的游客互动活动、应用下载软件和口碑宣传活动。"

逐渐地，消费者的智能手机都会开启无线网络、GPS、近场通信（NFC）、非接触式射频识别（RFID）、加速传感器、相机、麦克风、蓝牙低能耗（BLE）、无线信标和其他互动功能。这些功能预计占到手机内存的40%，并且会不断增加。

上述功能对于实现场景化营销至关重要。因为手机的功能就是为了与其他可携带设备、游戏设备、家用设备相互联通，并在零售商店和机动车中进行通信，所以特别是年轻的消费群体，他们的手机总是保持打开模式，以使用这些功能，保证他们总能被联系到。商家可利用顾客移动设备中的各种传感器精准地实现定位，而智能手机则是一切移动硬件的远程控制器。

需求层次论是由美籍犹太裔心理学家亚伯拉罕·马斯

洛在 1943 年写的《人类激励理论》论文中所提出的。

在这篇论文中，马斯洛将人类的需求像阶梯一样从低到高按层次分为五种，分别是：生理需求、安全需求、社交需求、尊重需求和自我实现需求。

1969 年，马斯洛升级了自己的理论，提出了一个终极版的"需求层次论"。马斯洛借鉴了管理学中的 X 理论和 Y 理论，将自己多年来总结出的需求理论进行了升级整合，归纳为三个理论，即 X 理论、Y 理论、Z 理论（见下图）。

马斯洛的 X 理论、Y 理论、Z 理论

马斯洛这个理论为他赢得了极高的声望。有人说："弗洛伊德为我们提供了心理学病态的一半，而马斯洛则将健康的那一半补充完整。"

马斯洛需求层次理论将人类需求从低到高按层次分为生理需求、安全需求、社交需求、尊重需求和自我实现需求以及自我超越的需求。传统消费时期，满足的是最低需求，即生理需求，这个时候力求的是吃饱这个需求。新消费，则是更高层级的需求。

从自媒体到智媒体

正如 3G 催生了微博、4G 催生了微信和短视频，而 5G 核心技术将把我们带入一个"万物互联，万物皆媒"的未来世界。

5G 高速度、低延时的技术创新将引领万物皆终端、万物皆媒介的变革。移动与通信不再是智能手机的专属，任何终端都可能作为通向互联网的接口，使我们融入虚拟世界之中。《纽约时报》刊文称："5G 是一场革命，而非进化，其影响力甚至超过电力给人类社会带来的改变。"

英特尔公司 WIMAX 营销总监朱莉·科珀诺尔（Julie

Coppernoll）曾指出："当我们看智能手机时，我们会说这是移动设备，因为其他一切都被束缚了，但我认为这种情况会发生变化，不会再有移动，因为一切都将是移动的。"

未来的实体店，在精准营销方面可能比纯电商更强悍。因为物联网时代是注定要来的。未来，每一样物品都会有自己的 RFID（指射频识别技术。RFID 是 Radio Frequency Identification 的缩写）标签，每一个购买行为，甚至一个细微的表情都会被传感器收集。现在所谓的"新零售"，不过是未来物联网革命的序曲。

5G 带来万物皆终端的变革，使得我们可以随时随地利用各种设备作为互联网的接口，融入一个万物互联的世界。

而自媒体也终将演变为智媒体，智媒体主要包含三个特征：万物皆媒、人机合一和自我进化。

沃尔特·迪士尼是以卡通制作师的身份开启他的事业之门的。在制作电影的过程中，沃尔特发现自己所能利用的感觉手段被局限在视觉和听觉的范围之内，于是他想到了一个计划，让观众穿越到电影情景所构成的时空隧道中。

走进主题公园的大门，前来观看电影的观众都可以亲身体验按照电影剧本设计的写真场景。

在迪士尼乐园的体验，就像经历一场活动电影。精心设计的电影布景、经过专业训练的剧组成员、以及剧中人物的服饰道具，剧中人物的对白和人物的舞台动作，都是经过了反复排练的。

HBO 制作的科幻剧《西部世界》，展示了人们未来场景的娱乐模式，在一个按照"故事线"设计的乐园里，里面的人物都是机器人扮演的角色，他们不仅具有超高仿真外形，还有自身情感，而且能带给游客最真实的体验。作为玩家，可以在里面与坏人决斗，也可以做你想做的事情。

这种高科技成人乐园，可以体验更加真实刺激的游戏，也可以说是网络游戏的终极版。但其商业本质是一样的，都是通过虚拟的故事和游戏，奖赏我们的大脑。

迪士尼乐园也与时俱进，为其 3D 打印的柔肤机器人申请了一项专利——一种用于机器人的，与人类高度相似的皮肤表面，其从外表看来与《西部世界》里那些长得像人类的机器人毫无二致。

物联网与场景化营销

在多屏时代，在主动或者被动的广告信息传递过程中，在合适的生活场景或者不合理时间段中，将个体带入广告场景之中，影响和刺激其消费购买行为，这就是场景化营销。场景化营销会迅速成为跨设备、跨区域和跨购买周期追踪客户的重要工具。

新零售企业正急切地采用场景化的技术，如嵌入式传感器、信标模块、地理围栏和无线网络来影响和刺激其消费购买行为。这些工具的使用一定会飙升，并且会有愈演愈烈的趋势。

没有一体化的软件系统，营销中的场景就不可能实现。迪士尼的魔法手环需要依赖超过 100 个后端系统。事实上，API 是当前多数软件系统的标配，它使得联通人、地点和事物的设想得以实现。因此，系统、网络、安全性和设备的交互操作性越加显得更为重要。

物联网产品能让我们清楚地看到客户渠道的亲和力，使媒体购买更加有效。使用深层次的客户数据，了解是谁购买了产品，并了解购买发生在什么情况下（如促销的驱动、新的功能等）。这会使生产商得以减少库存、减少呆账，并降低折扣力度。因为实时是多数场景化营销宣传活动中要考虑的因素，因此，我们可以很容易地设计促销活动，用特卖或特价服务的形式减少过剩库存，比如饭店的食品或剧场的空座。

实际上，品牌商可以利用传感器和数据的整合，再根据消费者的行为与品牌、产品的互动，以及店内体验等，对消费者进行奖励。

当消费者收到有价值、实用、有趣的信息和体验时，作为交换，他们也会主动提供更多的数据和信息。实际上，消费者拥有的设备越多，就越愿意使用他们的数据，与品牌进行互动。

超出第三方数据之外的场景

最终，品牌商都可能要减少对第三方数据的投资，而将目标放在高度场景化的数据流上。在某些情况下，这类更深层次的、专有的数据流本身就可以实现产品化。例如，某科技公司发现大量客户会在浴室中使用音响设备，所以它们就专门开发了防水的系列产品，并向这类消费者推销，于是产品很快销售一空。

场景化营销、传感器和物联网的功能性使我们能够更清楚地看到产品的使用方式，并为供应链和分销提供了全新的视角。

场景化营销的风险

与任何新的营销形式和新兴的营销技术一样，场景化营销宣传活动有利有弊。虽然风险可以通过绝佳的做法予以减轻，但它依旧存在。重要的是，采取场景化营销宣传活动和信息传递的品牌商要认真考虑这类风险。营销人员进行场景化营销，主要会面临如下风险。

消费者会感到隐私被侵犯

通过深层次观察，了解消费者行为、位置，他们何时使用或与哪类物品产生互动。但也要考虑到另一层风险，这一行为有可能会让消费者震惊、不快，或会被人理解为"黑镜"式的监控。因而，场景化交流会被解读为过度个性化。当然，以上行为必须要征得消费者同意后才能施行，否则商家可能面临法律风险。

用户被孤立

错误的正面信息、有误的数据和定制不准确的宣传活动可能会导致事与愿违。讨厌某一品牌的消费者可能正在附近，却被选为品牌信息发送的对象。并且水平低下的描述可能损害品牌的可信度。

有差别的隐私和数据法

由于有关数据、隐私以及与合作伙伴分享数据的法律和规定在各地区各不相同，因而在全球范围内运营的品牌商必须在不同地区定制不同的场景化营销宣传活动。

许可进入的要求

要想实现规模营销，品牌商会面临的一大挑战是将品牌价值有效地传达给消费者，否则，它们就会面临被拒之门外或被无视的风险。

错误的数据

品牌商必须确保多种数据来源的实时性，以维持并确保场景的真实性。例如，当零售地点发生变化时，就可能造成错误的地点数据。

高昂的成本

场景化营销可能成本高昂，这不仅体现在数据和企业技术投资上，还体现在大规模的业务部署上。

不可避免的污名化

所有的新型数字营销技术在带来好处的同时，可能会招致谩骂、滥用和违规使用。不负责任和不道德的营销人员会不可避免地抹黑场景化营销，引起消费者的质疑和监管部门的关注。

新生事物因素

与曾经是营销宠儿的其他新兴技术一样，场景化宣传活动的效果在应用初期产生效果后也可能一落千丈，而这会极大地打击营销人员的信心和热情。因此，与产生的负面作用相比，这类宣传活动的功能和创造的真正价值，会变成宣传活动是否可行和是否可被接受的核心问题。

10

社交电商与
媒介素养

媒介素养是什么？

1992 年，美国媒介素养研究中心给出的定义是：媒介素养是指人们面对各种信息时的选择能力、理解能力、质疑能力、评估能力、创造和生产能力以及思辨的反应能力。

社交媒体的精义，不仅仅在媒体，还在于社交。社交媒体意味着媒体的社交化，社交的媒体化。

强关系，弱关系

强关系、弱关系本是一个社会学理论。根据美国社会学家格兰诺维特的定义，强关系指的是个人的社会网络同质性较强，人与人的关系紧密，有很强的情感因素维系着人际关系。弱关系的特点是个人的社会网络异质性较强，人与人关系并不紧密，也没有太多的感情维系。用大白话来讲就是泛泛之交，交往面很广，交往对象来自三教九流，因此可以获得的信息也是多方面的。

农业社会显然是一个强关系社会，而工业社会则显然是一个弱关系社会。

微信倾向于一个强关系的社交媒体平台，微博则倾向于一个弱关系的社交媒体平台。

强关系社区，更强调娱乐性、生活化分享以及存在区域性特征。而弱关系社区，则更强调信息的价值、快捷，媒体属性更强。

强关系弱关系也不是泾渭分明的，腾讯 QQ 初期推广时，应该还属于弱关系，如今腾讯 QQ 的关系越来越强。这种基因也决定了腾讯做微博很难，最后不得不关闭。

社交媒体的勃兴，使得一些平台推出基于"强关系"手机通信录的推介机制，比如抖音、微信。这种信息化浪潮，使得一度因工业化而被消解的传统"熟人社会"复苏，并促成更大范围的"泛熟人化"关系圈。因此，我们所强调的信息裂变时代的媒介素养，更近似于熟人社会的一种行为规则。社交媒体可能看起来像非正式的环境，但我们应当像对待公共商业场所那样尊重社交媒体。

对社交网络来说，一般而言，强关系的存在对于赢取社交红利大有裨益，而弱关系的作用则在于信息的传播和网络结构的维护。前者表现为对可靠信息的接受度，后者则表现为信息的传播广度与速度。

消费者出于社交关系的信任，好友推荐的护肤品，邻居朋友圈卖的水果生鲜……还没有细看，就果断下单了。

以兴趣爱好为纽带的弱关系社交电商，这类社交电商算是最早起源的，例如美丽说与小红书，最初是导购平台，之后转型社交电商。这类电商通常是以意见领袖、达人为核心领导的粉丝经济模式，达人分享自己的购物体验／经历，向粉丝推荐商品，粉丝进行购买。对于达人分享的出游计划、妈妈群分享的婴儿奶粉，都能实现令人惊叹的转化率。

社交电商的拉新与分销策略

社交电商的核心引擎，在于自裂变能力与分销系统。这里做一个简要介绍。

1. 拼团

拼团是一种通过分享进行老带新的手段，其更多利用社交关系促进销售转化，也有拉新效果，但只要"成团"，一次传播即止，需要主动发起新的拼团才可继续传播。拼团这种手段是利用社交关系来促进转换，这种裂变形态，拼多多是个中好手。

比如一款电热水壶，售价 100 元，参加了邀 5 人享 40 元活动。

用户 A 看到此商品时，有 2 个按钮：40 元和 100 元，他选择支付 40 元，24 小时内他需要邀请 5 个好友，且各自都支付 40 元，即成功拼团，否则超过 24 小时，拼团失败退款40 元。

2. 分销

分销型社交电商有如下几种常见的运营模式。

比如，社交电商云集的用户注册成为付费会员后，既可以以会员价购买平台上的商品，又可以通过社交工具将商品信息分享给其他人，若交易成功，则分享者可获得商品价格 5%—20% 不等的销售返佣。

环球捕手是一个生活美食社交电商平台，其会员一般会有两种收益来源：销售佣金和招募奖励。

销售佣金：会员可以自己开店，店里的商品大部分为品牌商品，品牌商品由环球捕手提供物流服务，不用管发货，可以集中精力放在如何营销商品。销售商品产生的佣金一般是销售额的 5%—25% 不等（生鲜类、品牌类佣金低，非标准品类佣金高）。

招募奖励：会员的另一种收入来源是邀请他人成为会员，你每邀请一个会员就能获得一笔奖励，直属会员购物你也能获得 25% 佣金。

那么怎样经营才能规避传销风险？

真正以销售商品为目的；

避开人头费、门槛费、会员费等"陷阱"；

价格永不虚高；

层级减少。

3. 三级分佣模式

三级分佣模式结合了拼团与分销模式的优点。利用拼团的裂变能力与分销的返佣机制，鼓励用户主动拉新与传播。

比如，用户 A 开团后，分享链接给好友，好友点击即成为其一级团员，而一级团员的一级团员则成为用户 A 的二级团员，用户 A 的一级团员与二级团员购物，用户 A 均可获得佣金。

三级分佣模式最为关键的一点是团员关系的有限性，即多长时间后团员关系自动解除。此举是为了防止当用户团员数到达一定数量时，不再有拉新积极性，而是用老团员坐享分佣。

不要自私，要慷慨大度

基思·法拉奇是《别独自用餐》一书的作者，他认为：打造人际网络的真正"货币"不是贪婪，而是慷慨大度。

在社交媒体上，慷慨是一种很好的品质，慷慨地对待你的用户有很多种方法。一项研究表明，人们在社交媒体上选择某个品牌，在很大程度上是为了优惠和促销活动，或者是为了获得独家的内容。

此外，如果你在社交媒体上发表的内容不是原创的，而是收集选粹出来的，那么这些帖子里都应该包含内容来源的链接。在帖子里嵌入此类链接能达到以下效果：

让读者从原始来源处获得更多信息；

把流量导引到原始来源，作为答谢；

让原作者注意到你，提升他们对你的好感。

当你在别人的帖子上发现了好内容时，请按照这条规矩来做：写好帖子后，添上一条指向内容来源的链接，并且向介绍你看到这个来源的人致谢。

大致而言，在社交媒体上引用其他人的文章，有以下三种方法：

使用网址链接；

在文中做陈述性说明；

作为一个参考文献条目。

新媒体时代的信息分享是一种传播行为。作为一种信息馈赠，分享具有明显的社交属性，它意味着回馈或对回馈的预期。信息本身就是自带影响力的，而想要刻意扩大影响力，就需要用到"分享"这个工具，这一点从古至今，从未变过。

坚守健康的风格

麦克卢汉指出，每一种媒介都有自己的文本建构规则，并以自己特有的方式梳理和呈现事实。

如今哪怕严肃媒体，其行文也多调侃，一种"逻辑严谨的口水体"正在传播界流行，文风改变（更真实、更亲民、更调侃）也是拜社交媒体所赐。

在人人拥有麦克风的时代，制定社交媒体内容策略之前，一定要再三考虑清楚。因为你所发布的每一点内容都将代表你的品牌，所以你要利用好它们建立一个良好的品牌形象。

在社交媒体上，简洁的文风会完胜冗赘。这是因为，每一天，你都要跟海量的内容竞争。如果你没能迅速引起受众的兴趣，他们就会立刻做出取舍，马上去看下一条了。

浮夸的标题虽然能哗众取宠，却会降低文章的格调与可信度。这类标题伴随着自媒体的发展盛行一时，但其背离事实本源，混淆群众视听，终是饮鸩止渴。

这就好比你身边一位浮夸的熟人，总难免受人鄙夷。社交媒体是互联网上基于用户社会关系的内容生产和交换平台。如果文风浮夸，内容失真，难免传播越广，所收获的负面效果越深。

社交媒体的生命力，在于对内容"干货"的追求。即便是八卦新闻，也需要揭露真相才能被读者接受。社交化、社会化的阅读则通过"众包"方式，帮助每个人甄选和鉴别信息，在这样的环境下，我们自己都会觉得自己"比前几年聪明多了"，用户对行业和新闻背后有了更深刻的洞察。

很多时候，诚实是对付诡计的最好办法。说实话一直是一个不错的策略，尤其是在社交媒体上。如果用户感受到了你的诚恳和真诚，他们一定会投奔你的。坦率地表达你的立场，并且和你的用户保持真诚的交流，这不仅会让你在社交媒体上收获良好的信誉，还能收获一批忠实的用户。

新媒体技术难免会带来隐私风险，它使得福柯在《规训和惩罚》中所说的"敞视监狱"，与奥威尔笔下的"老大哥"社会这两种情景成为现实。任何具备网络技术的人都可能在全球范围内侵犯到别人的隐私。大众将别人的隐私作为一种娱乐，同精明的商家一同消费别人的私密空间。尊重他人隐私，也是信息裂变时代所应具备的媒介素养。

避免成为"讨人嫌"的自我推广者

社交媒体是一个开放的平台，人们在这里可以畅所欲言。在社交媒体上，成功偏爱有趣，也偏爱大胆。所以，尽管把你的感受和看法表达出来吧。但也要注意，过犹不及。过度自我推广，会带来消极的负面影响：至少，会让你冒着被他人疏远的危险。如果同事不想跟你一起工作，团队会受到伤害，最终会给公司带来损失。

如何判断自己是不是"讨人嫌"的自我推广者？阅读下面描述性的句子，"中招"越多，"讨人嫌"的概率越大，越需要自我检视。

我在日常谈话中使用最高频率的词语是"我"。

在说话时，我总确保自己的声音是房间里最大的。

我从同事那里"借来"一些不错的想法，然后将功劳据为己有。

我经常忙着玩手机游戏，却没留心别人在说些什么。

我在担任团队领导时，只关注提高自己的名声，而不是想着怎样有利于团队合作。

我没有询问别人做了什么工作，而是直接谈论自己做过的事。

我经常在微信群里分享自己的购物、阅读、旅行体验。

我每天都利用上班时间在社交媒体上发五条没价值的内容。

如果我在工作上取得了什么成绩，就害怕同事们不知道。

在自我评估的时候，我从不会对自己做过或没有做过的事进行批判。

我经常在说话时抬高自己，谈论一些我从未见过的人，暗示他们是自己的社会关系。

如果你发现了一些不利于你的言论，别想着消除它，或者干脆装没看见。相反，你应该加入他们的讨论，用透明的、开放的、有说服力的方式和他们进行交流。然后利用社交媒体向他们展示你的品牌所做出的努力，并尽力提供最好的用户体验。

无社交，不传播

传统的营销引流方式已成明日黄花，爆款难出，已成为不少品牌的心头所恨。

与此同时，新的消费品牌巨头也在基于社交媒体的营销活动中一一崛起。完美日记、钟薛高等新生品牌通过在社交媒体平台批量投放，打造封闭私域流量，迅速蹿红。社交时代最突出的特点就是碎片化、去中心化，绝大多数内容由用户自己生产。

　　某企业卖的是中高端的儿童家具。其创始人说，他们有 70% 的客户是朋友介绍过来的，所以社交传播的价值在他们的销售额中早已经有所体现。他们通过社交电商运营，又加倍扩大了这种社交传播的影响力。他们做了一次活动，针对一个城市做裂变海报，特价做一款儿童桌椅。邀请 15 个人给你助力就可以获得购买资格，一共只有 100 个购买名额。半个小时内，100 个名额就全部被抢完了。

　　在当前的社交环境下，抖音、微信等社交平台都逐渐添加了商品橱窗、购物车、链接等直接购买的入口，将销售和传播融为一体。人不一定到达货场就可以购物、人可以在聊天社交的时候买到心仪的货品。

　　只有那些勇于创新，敢于变革，主动拥抱变化的人，才能成为社交电商的赢家，无社交不传播！

Z 世代不可小觑

　　Z 世代意指在 1995—2009 年出生的人，又称网络世代、互联网世代，统指受到互联网、即时通信、短讯、MP3、智能手机和平板电脑等科技产物影响很大的一代人。

　　之所以最后一章才谈论 Z 世代，是因为这一代人刚进职场。如果他们现在已经投入工作了，可能还处于实习阶段或是初级职位。不过他们很快就要在各行各业崭露头角了。

　　信息化浪潮改变了市场营销的方式，近几年大数据、自媒体、社交媒体的出现让很多企业改变了营销策略。根据调查，72% 的人在微博、微信等社交媒体上每天至少花费 3 小时，而 18—29 岁的用户，所花费的时间可高达 5 小时，Z 世代就是"数字原住民"，他们根本无法想象没有互联网的生活。

　　作为"数字原住民"，他们非常依赖科技产品。无论是订外卖、搜索工作职位、与朋友交流或约会，都少不了运用科技产品。当然，Z 世代也有点年少轻狂。他们习惯将自己所有的生活都搬到网络上，告诉所有人他们正在做的事，从早上刷牙、上班堵车到工作上得到提拔等。

　　Z 世代的人出生于高度竞争的全球化时代，他们知道自己生活的这个时代所面临的问题——房价高昂，工作难找等。因此，Z世代更具有进取精神。Z世代是不可小觑的一个世代，在你还没有回过神来时，他们就已经进入了职场，开始与你展开竞争了。

信息化浪潮让Z世代完全适应了网络的沟通方式，从某种程度来说，面对面的交流，对他们反而构成了一种挑战。

不断尝试，不断进化

社交媒体平台的规则、玩法都在不断变化。想要进步就要改变，想要完美就要时常改变。

不管你有多聪明，"最佳做法"总是在不停地改变，因为这些平台一直在进化。因此，人人都需要不断尝试，才能与时俱进。

仔细观察你就会发现，最懒得做尝试的人，就是那些自诩为专家、自认为无所不知的人。

社交媒体策略不应是静态的，而是随时发展变动的。应该经常反思、重新评价、定义社交媒体计划，毕竟没有什么一成不变的金科玉律。